変える本 3

B2B営業が「つまらん！」

勝ちパターンの行動モデルはこれだ

フィフティ・アワーズ代表取締役
水島温夫
mizushima atsuo

言視舎

はじめに――この小さな物語を書いたわけ

▼B2B営業マンの頑張り方が間違っている！

Ｂ２Ｂ型ビジネスでの営業マンは担当する事業の増収増益にむけて毎日頑張っている。人数を増やしてもらえるわけでもなく、顧客に密着し、厳しい顧客要求に向かい合い、ＣＳやコンプライアンスの社内向け資料作りに追われるなかで、懸命に数値ノルマを達成している。このようなＢ２Ｂ営業マンの頑張っている姿には頭が下がる思いだし、そのことを否定しているわけではない。ただ一つ心配なことがある。それは、Ｂ２Ｂビジネスの顧客が国内企業中心から海外企業へと広がりつつあり、また過去の先進国企業を追いかける事業戦略から、逆に新興国に追われる側の事業戦略へのシフトが求められている。そのような大きな事業の転換期にあるにもかかわらず、Ｂ２Ｂ営業マンの〝動き〟が進化・変化していないことだ。頑張ってはいるが時代の大きな流れを捉えていない。同じ客ばかり訪問して細かなことばかりやっている。「つまらん！」とはそういう意味だ。

▼受け身のソリューション営業から脱却してほしい

日本のＢ２Ｂ営業マンほど顧客に密着して、宿題を沢山もらってくる営業マンは広く世界中を見渡してもいないそうだ。顧客にとって便利な存在、色々な問題解決を快く、無料でやってくれる営業マンは顧客にかわいがられ次の受注を獲得することができる。しかし、このような御用聞き型、あるいは受け身のソリューションも限界にきている。顧客から宿題を山のようにもらい、自社の技術部隊や製造部隊に投げるわけだが、彼らも多忙でパンパンの状態で対応に十分なマンパワーを割く余裕がなくなってきている。受け身のソリューション営業ではない、新たな営業が必要とされている。

そこで、能動型のソリューション営業だ。

顧客の問題を先取りして、こちらから能動的にソリューションを提供する。受け身のソリューション営業とは一段上のランクに位置するソリューション営業だ。顧客企業も厳しい競争環境の中で、コストダウンや製品・サービスの差別化に懸命だ。そんな企業にとって、こうすれば差別化できますよ、コストダウンできますよという提案型のソリューション提供は魅力的だ。顧客企業の抱える問題は無限にある。したがって、Ｂ２Ｂ営業マンの可能性も無限だ。提案営業の重要さはこれまでも指摘されているが、まだまだ甘い。事業戦略に基づく、いままでとはレベルの違う能動型のソリューション営業を是非身につけて欲しい、そんな思いでこの小さな物語を書いた。

▼もっと貪欲に儲けることができるB２B営業マンであって欲しい

顧客に喜ばれて買っていただければ、利益はあとからついてくる。このような考えも決して間違っていないのだろうが、昨今のこれまでに経験をしたことのない厳しい価格競争という事業環境にあっては、もう一度「儲ける」ことについて考え直す必要があるように思う。

製品・サービスが差別化されていれば営業は楽だ。しかし、最強のB2Bビジネスマンとは、その中身もコスト力も他社並みの製品・サービスから最大の利益をくみ上げることのできる営業マンのはずだ。貪欲に、したたかに世界を相手に儲けることのできる営業マンであって欲しい。そんな思いでもこの小さな物語を書いた。

本書は「わが社の『つまらん!』を変える本」の第3弾として刊行される。〝動き〟が需要なのは前2作と同様である。

▼この小さな物語の舞台

舞台は東京に本社にある大手化学会社の一つの事業部門である機能材料事業部だ。素材技術のレベルは高く、取引先はエレクトロニクス、食品包装メーカー、建材メーカー、スポーツ用品など応用分野は多岐にわたっている。機能材料分野とはいえ、新興国メーカーの技術キャッチアップと低価格品に押され、売上、利益とも頭打ちになっている。既存事業の回復に向けての改革と、新製品、新事業開発が大きな課題となっている。

目次

登場人物：

この小さな物語の登場人物を紹介しておこう。機能材料事業部長以下4名だ。

▼**新任のB部長**は、生え抜きの51歳。元営業企画部長。現場経験も豊富で部下からも信頼されていた。機能材料事業部の立て直しに抜擢された。

▼**機能材料営業課長Kさん**。大学の経済学部を卒業して当社に入社以来15年間機能材料の営業を担当してきた。国内ビジネススクールでMBAを取得。真面目な性格。

▼**入社7年目のグエンさん**。大学はベトネムのハノイ工科大学化学科を卒業。卒業後日本語を勉強し入社。日本人との相性もよく、何しろ非常に頭がよい。

▼**入社5年目の♂君**。大学は社会学専攻。機能材料事業部に配属。体育会系で元気。

さあ、この4人のB2B営業の物語を始めよう。

1.「売る力」が失われている！

機能材料を担当している営業マンに元気がない。同じ顧客ばかり訪問している。顧客の値引き対応に追われ、さらにネット販売に押されている。このままでは営業マンの存在感が失われてしまう。

1.1　値引き枠のおねだりばかりだ！

ここは東京の品川に本社のある大手化学会社の会議室。集まっているのは機能材料事業部の事業部長以下４名の営業部のメンバーだ。事業部長のＢ氏は営業企画部の部長から昇進して今期から機能材料事業部の新任の事業部長に抜擢された。やる気満々といったところで、早速自分が担当する事業部の営業状況について直接営業部のメンバーから話を聴こうと思い、若手を含めた３人に集まってもらった。

Ｂ事業部長が口火を切って話を始めた。

Ｂ：「今日の会議では既にお知らせしたように機能材料事業部の営業状況について、その問題、課題を率直に話してもらいたいと思うのですが、まず営業課長のK君から順番に話してもらえるかな」

K営業課長は入社以来機能材料の営業に15年間たずさわってきたベテランだ。現在は東京支店で5人の部下をもって営業している。

K：「最近の営業状況は、一言でいえば、国内、海外ともに低価格の競争がし烈を極めています。一時ほどの厳しさではありませんが、基本的には**海外からの低価格品にシェアを奪われていること**と、その影響で既存顧客からの**値引き要求も厳しい**ものがあります」

値引きという言葉にB事業部長が鋭く反応した。

B：「機能材料事業の製品は他社品と比べてある程度の差別化ができていると思っていたのだが。製品差別化ができていれば値引き競争に巻き込まれることは少ないはずだが、実際は差別化がそれほどでもないということなのかな?」

事業部長が♂君のほうに顔を向けたこともあって、♂君が答えた。

♂：「一括りに機能材料といっても色々な技術レベルのものがあります。当社の場合、本当に**他社と差別化できている製品は1割**位でしょう。あとの9割は機能材料ではあるけれど、類似品は沢山あります。当社が他社製品の後追いをして参入した製品もあります」

B事業部長は頷きながら、グエン君に向かって言った。

B：「グエン君は機能材料の海外営業を担当しているわけだが、海外での営業状況はどのようになっているのだろう」

ベトナムでハノイ工科大学の化学科を卒業して、入社7年目のグエン君は流ちょうな日本語で話した。

G：「アジア市場では、台湾製の機能材料との競争が激しさを増しています。品質は当社のほうが良いのですが、やはり低価格の強さでしょうか、台湾メーカーがシェアを伸ばしています。品質では負けていないのですが、価格が当社の弱点です」

メンバーから一通りの話を聞いたB事業部長は営業状況についてまとめた。

B：「皆さんの話をまとめると、こういうことだね。まず、機能材料事業部といっても、本当に差別化ができているのは製品の1割程度。あとは、機能面では他社並みの製品ということだ。ただ、他社並み品ではあるが、当社の製品は品質では他社を抜いていて、**品質については絶対的な自信がある**。しかし、残念なことに品質を評価して買って下さる顧客よりも、海外企業の低価格品に流れる顧客が多いということだね。品質本位の真面目な当社から見れば**価格破壊**の真っただ中というわけだ」

K課長がその通りとばかり補足した。

K：「新興国メーカーがよちよち歩きだった頃は、当社の製品が売り手市場で米国や欧州の顧客企業相手に商売ができていました。しかし、技術力をつけた新興国メーカーが低価格を武器に売り上げ**規模の大きい売れ筋製品を中心にシェア拡大**が半端ではありません」

さらに、♂君が営業マンの苦しい状況を語った。

♂：「第一線の現場の営業マンは売上ノルマと顧客からの値引き要求の板挟みで大変です。当社が設定した価格で交渉しても、競合他社に太刀打ちできません。一方では、営業マンに数量ノルマが課せられていますから、何としても販売の実績を上げなければなりません。そこで、どうしても各支店長に与えられている値引き枠を使えるようにお願いすることが多くなります」

事業部長が鋭く言った。

B：「**顧客とではなく、支店長と価格交渉**しているのが、今の営業マンの実態なのだな」

顧客とでなく、支店長と
価格交渉している！
支

差別化のない大半の機能材料製品における厳しい低価格化競争が事業部の最重要課題だと4人のメンバーは再認識した。いきなり、会議は重苦しい雰囲気になっていった。

1.2 ネット型ビジネスモデルにも押されている！

事業部長は違う方向へ議論を進めた。

B：「大きな問題は低価格化競争だけかな？　B2B（※）の営業マンとして他に問題として感じていることがあるんじゃないか？」（※Business To Business　企業間取引はB2Bと表記するのが現在一般的となった）

若手の♂君がボソッと言った。

♂：「ネットです。お客さんの**購買部の多くがネット経由**で価格を比較して買うようになりました。定番品、規格品については私たち営業マンの出る幕がなくなってきました」

東京支店のK課長もその通りとばかり続けた。

K：「昨今のネット経由の取引は増加の一途を辿っています。半導体業界でもネット販売が増加しています。当社もホームページにネット販売の窓口をつくってはいますが、あまり充実した内容になっていません。競合他社のサイトを見ると、見栄えも良く、その充実ぶりにはビックリさせられます。当社もネット販売を充実させるべきだと思います」

海外営業担当のグエン君も言った。

G：「新興国メーカーは標準品、汎用品を中心にまとまったロットでの商売をしています。ロットをまとめることで製造コストを下げることができるので価格競争力を出せます。販売取引も営業マンではなく、ネット経由が圧倒的に多いようです。だから営業にかける人件費を抑えることができます。彼らのコスト競争力には遠く及びません」

ネットビジネスへの対応の遅れが議論され始めると、会議はさらに重苦しい雰囲気につつまれていった。

事業部長が念を押すようにメンバーに語りかけた。

B：「たしかに当社のネット販売のサイトは不十分だ。そうなってしまった理由は当社ではネット販売を軽視していたことにある。ネット販売は一般消費者向けのB2C**(Business To Consumer)のビジネス**向きであって、当社のような企業相手のB2Bの**ビジネス**では営業マンの介在が重要であると思い込んでいた。しかし、昨今では汎用品や標準品の取引では便利なネットが主流になっている。従来のような営業マンのF2F(フェ**イス・ツー・フェイス)の販売**はごく一部の説明が必要な商品に限られてきている。当社は少し出遅れたが、流れには逆らえない。今後は他社のようにネット販売の量を増やしていくことになる」

　事業部長の話を聞いていたグエン君は心配そうに言った。

G：「ということは、われわれB2Bの営業マンの存在価値は今後減る一方ということでしょうか。製品の規格化、標準化が進み、ネット販売が主流になるということは、われわれB2B営業マンは不要ということですよね。一握りの難しい商品の説明のための営業マンがいれば十分で、B2B営業マンはリストラということでしょうか」

　MBAコースでマーケティングを勉強してきたK課長が言った。

K：「その可能性は大いにある。製品のほとんどは規格、標準品化することでコストダウンが可能になる。そして、同時に営業マンを介さない効率的なネット販売が可能となり、営業マンの人件費も削減できる。当社もネット型のビジネスモデルに移行することで、新興国メーカーとも競争できるようになる。幸いなことに、新興国の人件費は高騰しつづけており、**日本企業の生産性を考慮すると製造コストに大きな差はなくなってきている**。私は、機能材料事業はネット型ビジネスモデルに大転換することが唯一の生き残りの条件だと以前から言い続けているのですが、少数意見なのかいつも握り潰されています」

　K課長の話を聞いていた♂君がつぶやいた。

♂：「ということは、われわれB2B営業マンの存在価値は失われたということですね」

ネット型ビジネスに押されて、
B2B営業マンの存在価値がなくなる!?
SHOP
ORDER

1.3　6つの勝ちパターンで頭を整理する

顧客の低価格志向とネット型ビジネスモデルの広がりという状況の中で、**B2B営業マンの存在感**が失われているというK課長の話に、会議のメンバーはひどく落ち込んでいった。

そんなメンバーの顔を見ながら事業部長が皆を励ますように言った。

B:「君たちが頑張っていることは十分承知している。しかし、世の中は大きく動いている。私たちB2B営業マンもその時代に合わせて進化していかなければならない。進化することで、ネットビジネスモデルと共存するB2B営業マン、あるいはネットを超えるB2B営業の道があるように思える。ネットビジネスへの移行だけが答えではないはずだ」

さらに、事業部長が皆を励ますように言った。

B:「このままB2Bの営業マンが存在感を失っていくのは耐えられない。一度原点に戻って、B2B営業の今後のあるべき姿についてここで頭の整理をしてみてはどうかな」

グエン君がB事業部長に質問した。

G:「**B2B営業の原点に戻る**とおっしゃいましたが、その原点って何でしょうか？」

他のメンバーも同じ質問を持っているようだと感じた事業部長は、少し長い話を始めた。

B：「売れるということは、顧客が他社ではなく、当社の製品を選んでくれるかどうかにかかっている。従って、顧客が選んでくれるための**『顧客から見た価値』**が明確かどうかで勝負がきまる。つまり、B2B営業の原点をそこまで引き戻して我々営業マンの行動を立て直す必要があるということだ」

事業部長はパソコンをプロジェクターにつないで、予め準備しておいたパワーポイントの図を映した。

B：「先日、経営者向けのセミナーで配布された資料が面白いのでスキャンしておいた。顧客から見た価値で事業を整理してある。

米国の経営学者エイベルの著書『事業の定義』によれば、事業は、①C：顧客（Customer）、②T：技術・ノウハウ（Technology）、③F：機能（Function）で定義される。Fの機能とは、わかりやすく言えば顧客からみた価値のことだ。

そこで、技術・ノウハウ（T）を縦軸に、顧客（C）を横軸にとって事業をマトリックス的に整理すると、ざっくりと**6種類のF（顧客価値）に分類**することができる。このマトリックス図が示していることは、日本企業に限らず、世界中の高業績企業はこの6種類のFの勝ちパターンの中のひとつを明確に選択し、そしてしっかりとそこに軸足を置いているということだ。選択と集中という言葉を使えば、**自社の勝ちパターンの選択と集中**をしているわけだ」

ビジネススクールでも見たことのないマトリックスを見せられてK課長が言った。

K：「事業部長、顧客から見た価値に基づく勝ちパターンはおもしろいですね。もう少し詳しく説明していただけますか」

B事業部長はつづけた。

B：「①の**世界初型**は一桁違う技術・ノウハウを開発して、市場初、世界初の製品・サービスを提供する。大塚製薬や浜松ホトニクスのような企業が例として挙げられる。このような企業の主役は**研究開発の技術者**達だ。もちろん製造も営業も重要だが、研究開発の技術者達が他社以上に頑張ることでこの勝ちパターンで生存できる。主役とはそういう意味だ。

②の**匠型**は比較的小さなニッチ市場において、他社とは中身が一味違う製品・サービスで勝負する。ある特定市場において、さらにそのグローバルな市場においても、実質的な業界標準を取ってトップシェアの座につくパターンだ。精密小型モーター分野で世界シェアの60％を確保しているマブチモーターや米国企業では3M、インテルが典型的な例として挙げられる。これらの企業の**主役は開発技術者**達だ。中身つまり、機能性能が他社とは

勝ちパターンのマトリックス図

事業の定義と勝ちパターン

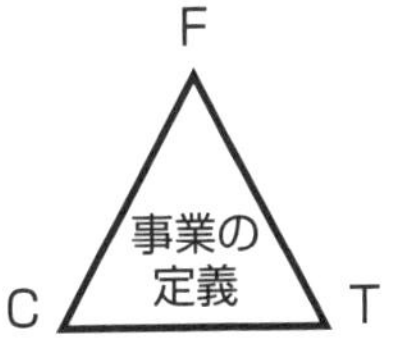

エーベル（米国の経営学者）による、事業の３要素
C：Customer　（顧客）
F：Function　（機能、顧客から見た価値）
T：Technology（技術）

・高収益の事業はこれらの３つの要素が明確
・機能は「顧客から見た価値」
・技術はコアコンピタンスであり
・機能（顧客から見た価値）を具体化するもの

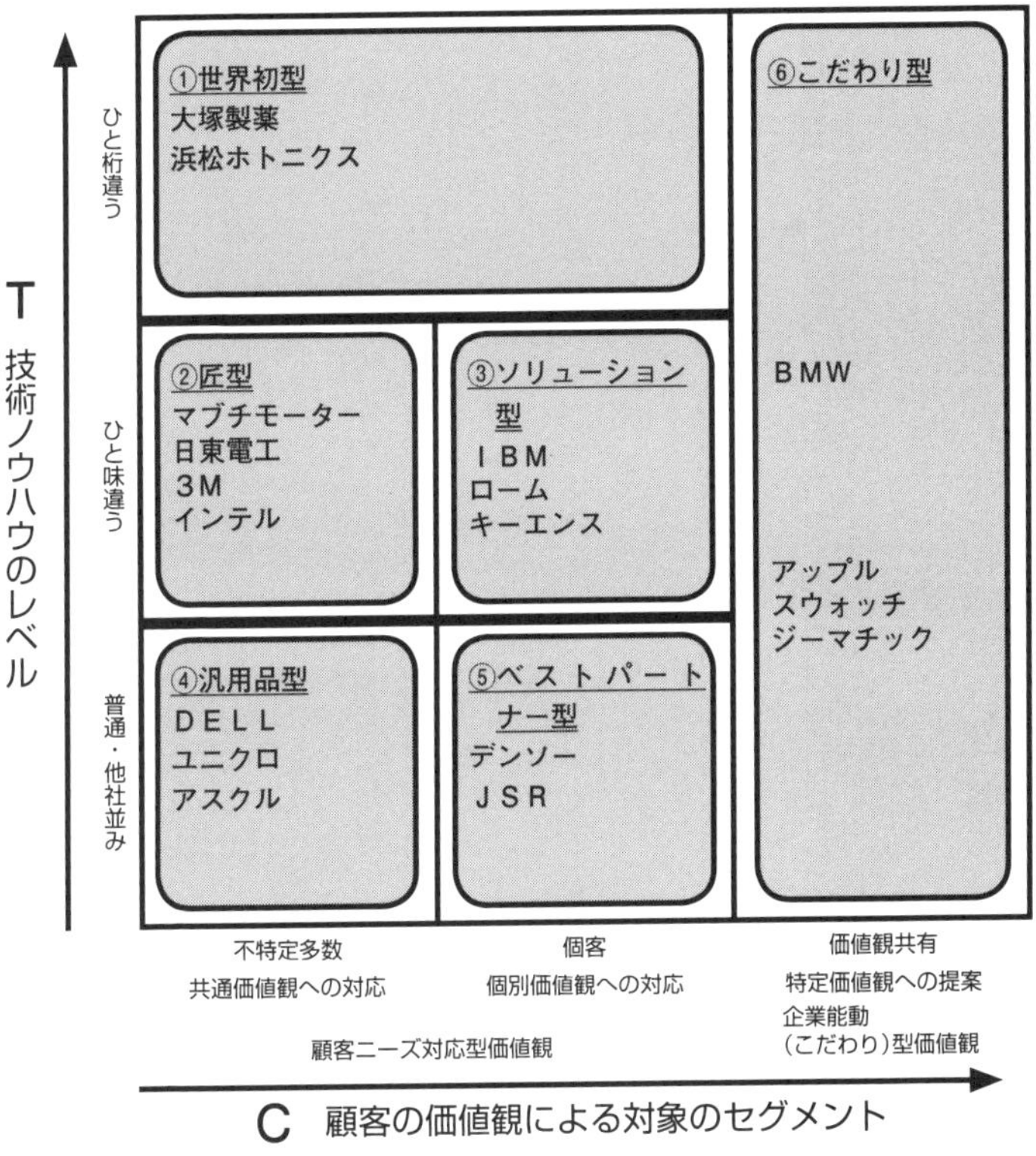

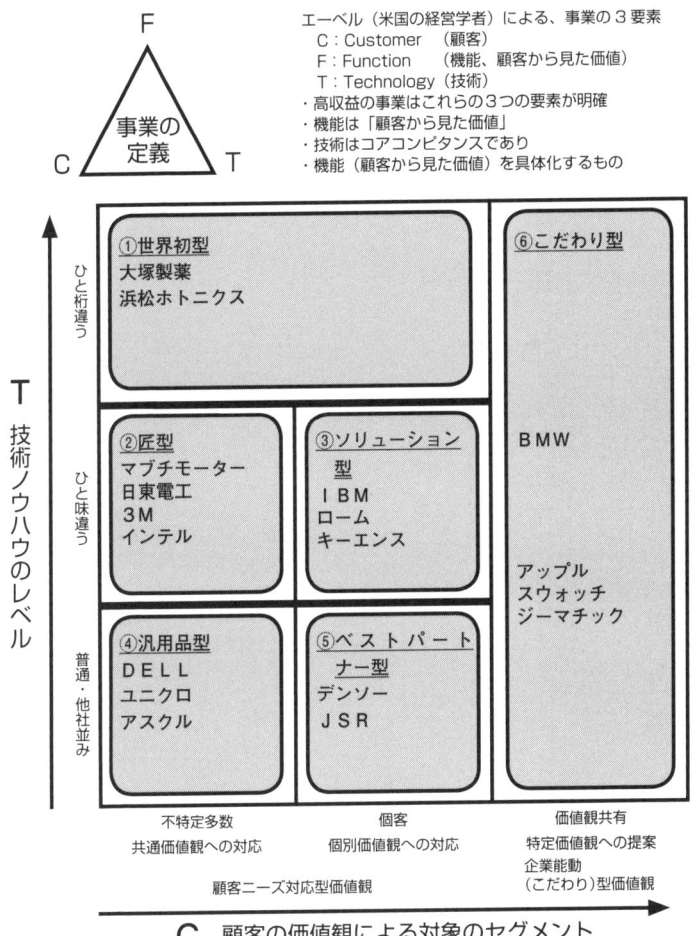

一味違う製品を次々に開発することで生存できる。

③の**ソリューション型**は顧客に一味違う問題解決を、製品やサービスあるいはシステムという形で提供する。営業マンには顧客以上に顧客を熟知することが求められる。例えばキーエンス社はセンサーを核に、顧客の目的や使用状況に合わせたセンサーシステムを問題解決（ソリューション）して提供している。この勝ちパターンではB２B営業マンの力量が事業の収益を左右すると言っても過言ではない。**主役はB２B営業マン**だ。

④の**汎用品型**は中身が差別化されていない製品・サービスを扱うゾーンだ。パソコンのデルは「安さ」で勝負している。アスクルは通販と宅配を組み合わせた「利便性」で顧客に選ばれている。また、日本の製品は高品質で「安心」という価値で大きく売り上げを伸ばしてる。この勝ちパターンでは安いか、便利か、安心かのどれかに突出していなければ生き残れない。規模の大きさや密度の高さが事業収益のポイントとなる。営業マンによる販売から**主役がネット型のビジネスモデル**へと大転換しているゾーンでもある。

⑤の**ベストパートナー型**はある特定の個客に密着して運命共同体として対応するビジネスの形態だ。トヨタを顧客とする部品メーカーなどだ。ここでは、営業マンの役割は限定的だ。では主役は誰かと言えば、**企業トップ**と言っていい。企業対企業の信頼関係をトップ同士が認識することで成り立つ勝ちパターンだからだ。

最後の⑥の**「こだわり」型**は企業の価値観やこだわりを前面に出した製品・サービスを、それに共鳴する顧客に提供するビジネスだ。ヴィトンやシャネルなど高級ブランドビジネスが良い例だ。最初に述べた5つの勝ちパターンは顧客側の合理的な判断をよりどころとする「左脳型」ビジネスであるのに対して、この「こだわり」型のみ、感性や感情、好き嫌いに訴える「右脳型」ビジネスだ。Aさんはヴィトンが好きだと言い、Bさんはコーチのバッグが好きだという。どちらが客観的に正しいということではない。主役は人ではない。**強いそして、ぶれない価値観の共有**だ。この「こだわり」型は、B2Cの事業の勝ちパターンのひとつだから、今のところ当社のB2B事業とは関係のない勝ちパターンと言っていいだろう」

事業部長の少し長い話が終わった。それぞれのメンバーは勝ちパターンのマトリックスに見入って、その枠組みを使って自分たちの事業について頭の整理をはじめた。

しばらくして♂君が言った。

♂：「これは凄いマトリックスですね。頭の整理が少しできました。つまりこういうことですね。当社の機能材料事業の1割程度の製品はその名の通り機能性で差別化された②の匠型製品ですけれど、現実は**ほとんどが④の他社並みの汎用品型ゾーンの製品**です。だから、競合他社をはじめ、業界として低価格化への対応と利便性を重視したネット型ビジネスモデルへと大きく移行していったということですね」

グエン君も自分の頭を整理するようにつづいた。

G：「その結果、われわれ**B2B営業マンは存在感を失った**ということですね。なるほど、マトリックス図に当てはめると極めて明快に現状を説明できますね。こうなってしまった理由は良く理解できましたが、問題は今後です。われわれはどうすれば良いのでしょうか？」

マトリックス図を前にして、メンバーは今後の自分達の事業部の勝ちパターンの選択と集中について考えを整理していった。

1.4 そうだ、アクティブ・ソリューションだ！

低価格化という事業環境の変化の中で、そしてネット型ビジネスへの対応の遅れで低迷している機能材料事業部の**閉塞突破**に向けてメンバーはさらに議論を進めた。

マトリックス図を前にして、しばらく黙っていたK課長が言った。

K：「うちの事業部に①の世界初型では戦えるほどのダントツの研究開発力はありません。②の匠型で必須の製品開発力もいまいちです。開発設計も頑張ってくれているが既にパンパンです。④の汎用品型のネットビジネスでは大きく出遅れてしまいました。⑤のベストパートナー型のように特定の絞り込んだ顧客相手の商売ではありません。もちろん⑥「こだわり」型は論外です。ということは、③の**ソリューション型しか勝ちパターンは残されていない！**」

♂君も頷いて言った。

♂：「K課長の消去法での結論もその通りだと思います。そして、私たちB2B営業が主役として活躍できるのはF2F（フェイス・ツウ・フェイス）のソリューション型ですから、ここで勝負したいし、そうするという選択肢がまだ残されているということです」

グエン君もソリューション型について考えを話した。

G：「顧客に対してソリューション営業をしろということは、これまでも何度も言われてきました。しかし、それは当社製品を売るために、数ある顧客対応方法のひとつとして考えていました。私ばかりでなくほかの営業マンも同じだったと思います。でも、このマトリックスが教えてくれていることは、顧客へのソリューション力では競合他社には絶対負けるな、顧客ソリューションで勝負しろ。これまでのような軽い〝**なーんちゃって**〟**ソリューション**とか、名ばかりで中身の薄いソリューションではダメだと」

少し元気がでてきた♂君が前向きな発言をした。

♂：「当事業部の戦う土俵をソリューション型に絞り込み、もっと戦略的にソリューション提案型営業に徹することで道が開けるような気がします。いままでも、ソリューション営業という掛け声はあったけれども、あくまで個人ベースで、決して組織としてそれに勝負を賭けるほどの覚悟と気迫はなかったですから」

事業部の閉塞状況を打破する小さな光が見えたことで、メンバーの目が輝き始めた。

事業部長が言った。

B：「私も皆さんと同じような可能性を感じている。確かに、多くの競合他社は①の汎用品ゾーンの中で低価格化と利便性を追求したネット型ビジネスへ大きく経営の舵を切っていった。しかし、当社は同じ道をたどるのではなく、F2Fで顧客に対して**能動的に**、そして真に顧客にとって価値のあるソリューションを提供する**ソリューション型で世界に存在感**を示すことができればと考えている。いや、そうしなければ生き残れないはずだ」

ビジネススクールで鍛えられたK課長が自分の頭の中を整理しながら言った。

K:「営業マンの人件費は非常に大きい。低価格化の中で、かなりの部分がネット型ビジネスモデルに移行していくことは避けられない。しかし、顧客から見た価値は安さや利便性だけではない。当社の顧客企業も増収増益に向けて多くの問題や課題を抱えている。顧客の問題を察知、あるいは先取りして、それらに対する**問題解決のソリューション**を提供すれば、他社を押さえて受注することができる。そして、それは**B2B営業マンでしかできないこと**だ。低価格競争もある程度回避することができる」

メンバー全員がマトリックス図を見ながら、それぞれの頭の中で考えを巡らしていった。しばしの沈黙の後、事業部長が念を押すように言った。

B:「機能材料事業の軸足をネット型のビジネスモデルに転換することはしない。そうではなく、B2B営業マンがF2Fで直接的に、能動的に顧客企業の問題に向き合い、そのソリューションを提案する。つまり、ソリューション型勝ちパターンのビジネスモデルに軸足を大きく移行させる。顧客から言われた問題・課題を受け身で対応するのではなく、こちらから**提案を能動的に仕掛けるアクティブ・ソリューション**を徹底させるということでいいのだな。アクティブとは能動的という意味だが、皆徹底できるかな？　競合他社以上のソリューション力を持って、他社に先行して顧客に提案する必要がある」

アクティブ・ソリューションという新しい言葉にメンバーはわが意を得たりとばかり全員首をタテに振った。

B2B営業マンが生き残るには……
アクティブ・ソリューションだ！

2.「儲ける力」も弱体化している！

「うちの製品は差別化されていない。低価格化で儲からない。国内はパイが拡大しない」と営業マンは言う。本当だろうか。否、まだまだ、取りこぼしている「儲け」の機会損失が沢山ある。見えていない、気づいていないだけだ。

2.1 ソリューションで本当に儲かるのか？

売上を伸ばす切り札として、B2B営業マンが顧客に対してこちらから能動的に問題解決のソリューションを提案することでメンバー一同が納得した。事業部長は議論を一歩進めた。

B：「売り上げを伸ばすということは、顧客から見た価値を他社以上に提供することに尽きる。そこで、マトリックス図で検討した結果ソリューション型でいこうということになったわけだが、本当にこれでやっていけるのだろうか？」

事業部長の問いにK課長が反応した。

K：「事業部長のおっしゃりたいことは、**アクティブ・ソリューションで受注は増えるが、事業として本当に儲けることができるか**ということですね」

♂君が言った。

♂：「ソリューションということばを多くの企業で掲げています。事業部の名前にしている会社もあります。でも事業部長が心配されているように、儲かっているという話はあまり聞きません」

海外営業でいろいろ試行錯誤を続けているグエン君も否定的に言った。

G：「日本企業の中でソリューション型で儲けている例は少ないと思います。その理由は日本企業の体質とソリューション型がマッチしていないからです」

事業部長はグエン君の話に身を乗り出してたずねた。

B：「**ソリューション型では儲からない日本企業の体質**って、一体何かな」

グエン君はかねてよりの持論を語った。

G：「学生時代に日本にきてから10年になりますが、ベトナム人と日本人の性格は似たところが沢山あります。その一つが、きめ細かさです。一般に顧客の要求にきめ細かく対応することで、喜ばれますが、儲かりません。ソリューション型でも同じことで、ついつい顧客に振り回されます。結果として**顧客満足度は高まりますが、利益は伸びません**」

事業部長はなるほどとうなずきながら言った。

B：「グエン君の言う通りだと思う。私の学生時代の友人たちの何人かは、海外向けのプラントやインフラ整備のソリューション型事業で活躍しているが、異口同音に日本企業はソリューション型ビジネスが欧米企業に比べて非常に不得手で、赤字ばかり出していると言っていた。出来上がった構造物の信頼性や品質では顧客にとても満足してもらえるのだそうだが、採算は多くのプロジェクトで真っ赤だという」

♂君が言った。

♂：「**先行先取り提案型のソリューション**は当社のこれからの営業として絶対に必要条件であることに間違いはないのですが、儲けるためにはこれだけでは不十分ということですね」

事業部長は♂君のほうをみて、その通りとうなずきながら言った。

B：「他社以上のソリューション力を身につけて、**先行提案型のアクティブ・ソリューション**で受注を増やすという営業戦略でいこうとしているわけだが、受注が増えても利益が増えなければ何の意味もない。手間暇がかかる割には、価格の上乗せは難しいかもしれない。たしかに、この点についての頭の整理がまだできていないな」

事業部長が言った頭の整理という言葉を受けて、再びメンバー達の沈黙がつづいた。

♂君がひらめいて言った。

♂：「たしかに、ソリューション型は手間暇がかかるし、**手離れが極めて悪い**わけです。ですから、一人の営業マンや技術マンが同時に複数の顧客の対応ができない。つまり、その間に多くの機会損失を招いているという訳です。機会損失を何とかして減らして、それを受注につなげることができれば、理屈のうえでは今のマンパワーでより多くの利益をあげることができるはずです」

♂君の言った「機会損失」という言葉にK課長が大きく反応した。

K：「♂君の言った**『機会損失』がキーワード**になるように思います。ソリューション型、特に先行先取り提案型のソリューション営業は顧客ごとに多くの手間暇がかかるわけですから、効率化して営業の時間さえあれば受注できる多くの機会損失が潜在的にあるはずです」

○○して
××がほしい
△△もよろしく
つい顧客に振り回されて、
利益が伸びない！

2.2　儲けの機会損失がまだまだ沢山ある！

先行先取り提案営業で本当に儲かるのかという壁にぶち当たっているときに、**儲けるには「機会損失」をなくす**ことというK課長の発言にメンバー一同はK課長のほうを向いた。

K課長はおもむろにパソコンを取り出してプロジェクターにつなぎ、1枚のパワーポイントを映し出した。

K：「この図は、以前経営セミナーに出席した時の配布資料をスキャンしたものです。価格競争が激しさを増す事業環境にあって、考えなければいけないことは、製品、サービスの**ライフサイクルの全ての段階**で、かつしたたかに儲けなさいという図です」

K課長はつづけた。

K：「**4つの儲け方**が示されています。第一は製品やサービスのライフサイクルでいえば導入期と成長前期です。導入期では、製品やサービス自体に今までにはない新しさという魅力がある、そして成長期にかけては機能や性能といった中身の差別化を行ない、しっかり定価で売れる。つまり、キーワードは①**中身の差別化で儲ける**ことだ」

メンバー一同は当たり前の話という顔をして聞いている。K課長がつづけた。

K：「次に、第2段階の成長期に入ると数量が大きく拡大します。価格は伸びるのではなく、むしろ拡大競争のなかで低下していきます。製品開発競争も激しさを増します。製品の機能・性能は高まりますが、価格に上乗せされるようなことはありません。価格は据え置きか、さらに低下します。ここでのポイントは生産や販売や開発の効率化によるコストダウンです。キーワードは②**『使い回し』で儲けること**です。共通部品の使い回し、モジュールの使い回し、設計図の使い回し、情報の使い回しによる効率化が利益の源泉なのです」

♂君とG君は「使い回しで儲ける」と頭の中で繰り返した。

K：「さらに製品のライフサイクルが進んで第3段階の成熟期に入ります。すると価格競争はさらに進みます。欧米の経営の教科書には成熟期に入れば「金のなる木」となり、勝ち残ればそれまでの投資を回収できて、さらに大きく儲かるようなことが書かれていますが、それは日本ではあり得ません。競合している企業は赤字でも事業を続けますから、三つ巴、四つ巴の状態でさらに価格競争が進みます。このような厳しい価格競争の中で生き抜くためのポイントは「きめ細かさ」です。営業におけるきめ細かさ、製造におけるきめ細かさが重要になります。ビジネスの機会をきめ細かく拾って、機会損失を最小化して利益を維持、拡大することといってもいいでしょう。キーワードは③**『きめ細かさ』で儲けること**です」

♂君とG君は頭の中で繰り返した。機会損失をなくすには「きめ細かさ！」

K：「これで話は終わりません。海外メーカーとの競争が激しさを増してきます。新興国メーカーが大規模な工場をつくり、劇的な価格破壊による新規参入をしてきます。小手先の海外生産によるコストダウンでは追いつきません。新興国メーカーとガチンコの勝負をするために巨大な投資を迫られますが、大きなリスクの問題が経営判断の最大のポイントとなります。

　過去日本が高度成長していた時代に欧州企業も今の日本企業と同じような状況に遭遇しました。彼らは日本企業との正面勝負を避け、さらにリスクを負わずに事業を継続し、収益を上げ続けたのです。キーワードは梃《てこ》です。ライセンシングや提携という梃によって日本企業をうまく利用して事業の継続と収益の拡大を果たしたのです。

　日本企業も欧州企業に学び、今後このような「梃」を使うことによって長期的な事業存続と収益拡大を実現できるはずです。**④『梃《てこ》』の原理で儲ける**ことです。新興国のメーカーにしかるべきタイミングで資本参加とライセンスをすることです。こうすることで、ガチンコの価格競争を避け、かつ大きな投資リスクを伴わないグローバル展開が可能となります」

グローバル時代の４つの儲け方

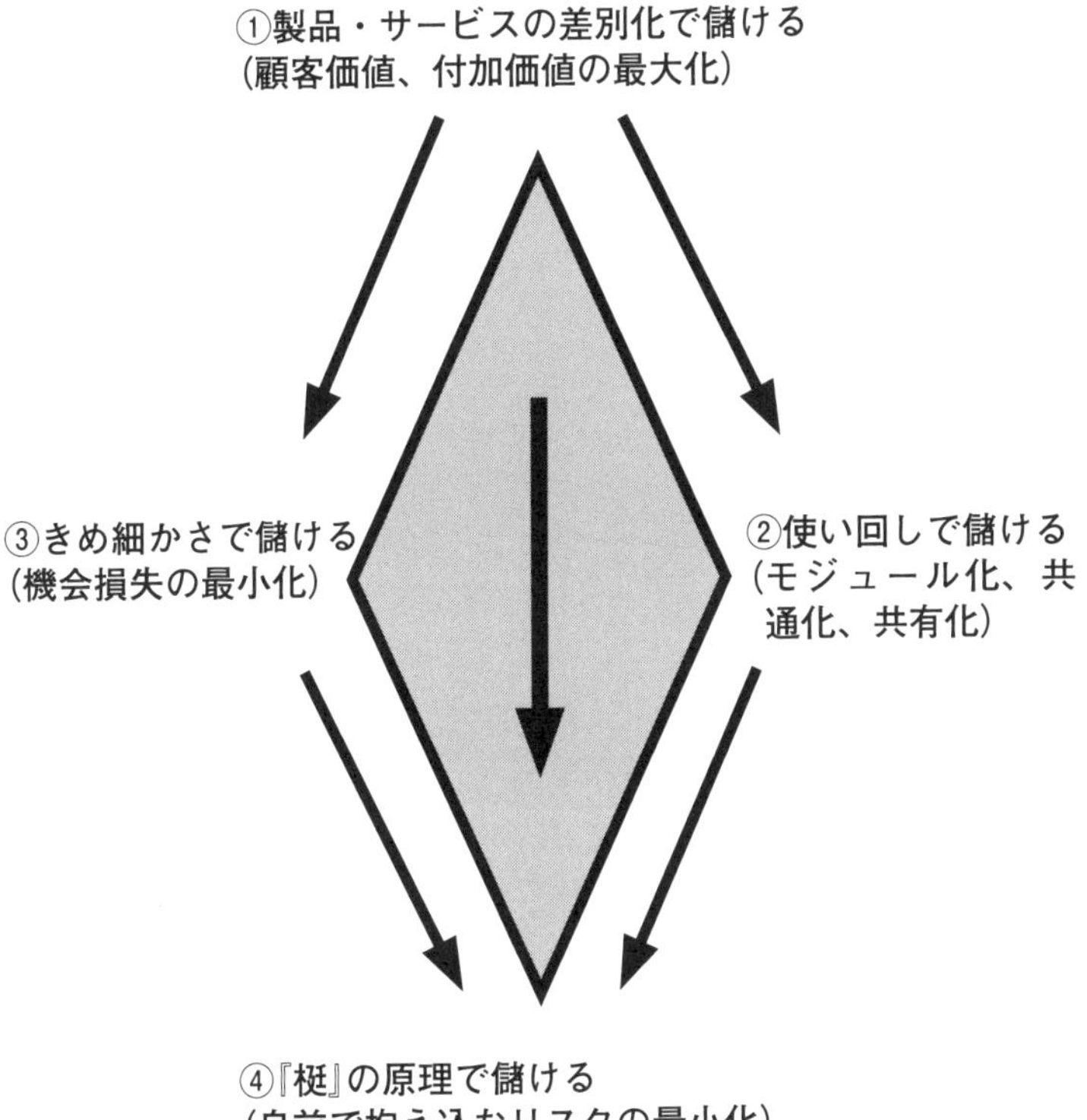
①製品・サービスの差別化で儲ける
(顧客価値、付加価値の最大化)
③きめ細かさで儲ける
(機会損失の最小化)
②使い回しで儲ける
(モジュール化、共通化、共有化)
④『梃』の原理で儲ける
(自前で抱え込むリスクの最小化)

2.3 サービス業のリベニュー・マネジメントに学ぶ

K課長の4つの儲け方に関する説明を聞いて、グエン君が言った。

G：「『差別化』についてはその通りで、当社の開発部隊も頑張っています。『使い回し』についても、まだまだ不十分な状況ですが、工場や設計でやり始めていますから理解できます。『梃』についてもまだ実行していませんが、ライセンスや合弁会社をつくることですから、一応イメージできます。私が全くイメージできないのは『きめ細かさ』で儲けるというアプローチです」

♂君も続いて言った。

♂：「『きめ細かさ』と儲けることとは、まったく対立概念のように思えます。製品をきめ細かく品揃えしたり、きめ細かくサービスすることは、大きなコストアップになるのではないでしょうか」

グエン君や♂君の発言を聴いていた事業部長がK課長の説明を補足した。

B：「私達も**発想の転換が必要**ということだ。利益とは簡単に言えば、売上からコストを引いたものだ。しかし、数量が伸びない、単価が上がらないから売上が伸びない。一方、コストダウンも限界にきているわけだから閉塞状態にあるわけだ。そこで、発想の転換だ。マクロ的には国内成熟、低価格競争ということだが、きめ細かくミクロ的にみるとまだまだ営業の取りこぼしがあるということだ。取りこぼしをなくせば、10％、20％の売り上げアップは十分可能だ。問題は**営業マンが取りこぼしに気が付いていない**ことだ。

収益管理の方法に**リベニュー・マネジメント**というのがある。取りこぼしを最小化することで儲けを増やす方法だ」

事業部長のリベニュー・マネジメントという経営用語に反応して、MBAコースでよく勉強したK課長がサービス業でのリベニュー・マネジメントについて解説を始めた。

K：「日本よりはるか前に米国では**航空券の自由化**が始まり、航空各社は厳しい低価格競争にさらされていました。その中で、アメリカン航空は**リベニュー・マネジメントというビジネスモデル**を導入して勝ち組になりました。リベニューとは売上のことです。航空会社のコストは保有する航空機、人件費、空港使用料、燃料代などほとんどが固定費です。売上からコストを引いたものが利益ですから、売上を伸ばすことが利益を増やすことに直結します。そこで、**売上の機会損失を最小化**すべく、一つの座席に高いチケットから安いチケットまで20種類程度を用意して、**顧客のＴＰＯ（時、場所、状況）に応じて使い分け**て売りました。

例えば、飛び込みのビジネス客向けには高価格ですが、帰りの便は都合に合わせて時間を自由に変更できるような自由度の高いチケットを用意しました。出張費は会社で負担してくれますからビジネスマンは喜んで高いチケットを買います。一方、低価格志向の強い顧客には3カ月前の予約、変更なし、返金なしといった自由度を制限して、非常に低価格の60％オフのチケットを用意します。空席で飛ぶよりは、その分売上を伸ばすことができます。

このような多様なチケットを使って売上最大化に向けてきめ細かくコンピュータ管理をした結果、アメリカン航空は勝ち残りました。今日では、ホテルやレンタカーなど**固定費型のサービス業**でリベニュー・マネジメントは常識になっています」

♂君が頷きながら言った。

♂：「出張の時にホテルをネットで予約するのですが、同じ広さの部屋で安いのから高いのまで色々なパックがあります。予約するタイミングでパックの種類も変わっています。これなんかきめ細かく**リベニュー・マネジメント**をやっているわけですね」

グエン君が質問した。

G：「簡単に言えば、その時の状況によって、高く買っていただける顧客には高く、安ければ買ってくれる顧客には安く売ることによって、販売の機会損失を最小化して全体の売り上げを増やすというやり方ですね。航空チケットの場合だと同じ座席であっても、チケットの条件設定を変えることで大きく価格（プライス）を変えて、**一つの座席を多様な異なる商品**として売るわけですね。我々メーカーは製造コストに販管費、利益を乗せて画一的に**価格設定**しますが、リベニュー・マネジメントでは、マーケットの状況によってちょっと条件を変えて、異なる商品として**ダイナミックな価格設定**をするわけですね。うーん、賢い」

♂君も自分自身に説明するように言った。

♂：「もう一つのポイントは、今現在でも営業の現場では**リベニュー・マネジメントもどき**のことを営業マン自身や、営業会議でやってはいるが、そのような勘と経験によるローテクではなく、コンピュータやデータベース、極限までのマーケットのシステマチックな細分化など、しっかり**システム的にハイテク化することでもっと儲かりますよ**と言っているわけですね」

事業部長がその通りとばかりにつづけた。

B：「♂君が言う通り、既に営業の現場では売上を伸ばすためにリベニュー・マネジメント的な考えや、顧客対応をしている。しかし、それは決してシステム的でもなければ、コンピュータで迅速に意思決定されているわけでもない。営業マンの個人ベースであり、ローテクにとどまっている。リベニュー・マネジメントが主張していることは、それを**組織的営業、ハイテク武装した営業に切り替えなさい**ということだ。そうすることで、極限までのきめ細かな市場セグメンテーションと商品づくりで機会損失を大きく減らすことができる」

グエン君が言った。

G：「リベニュー・マネジメントの概要とその意味についてはある程度理解できました。たしかに、航空会社、ホテルあるいはレンタカーといった**B2Cのサービス業**には即効性のあるマネジメント手法だということはわかりました。しかし、当社のような機能材料の**B2Bの製造業**に適用できるのでしょうか？」

♂君も釈然としないといった顔で言った。

♂：「リベニュー、つまり売上を上げれば儲かる。なぜなら、航空会社はほとんど固定費で変動費が僅かだから、売上を伸ばすこととイコール利益を高めることですね。一方、当社はメーカーです。原材料費や製造費など製品の製造量によって変わる**変動費が大きい**わけです。だから、売上を伸ばせば利益が上がるという単純なものではありません。また、当社の顧客は一過性の一般消費者ではなく、ある程度**固定的な信頼関係**の上に成り立っているわけで、同じ製品の条件をちょっと変えて高く売ったり、安く売ったりということは、顧客との信頼関係を失うことにつながるような気がします」

♂君とG君の戸惑いを見ながら事業部長が言った。

B：「たしかに、B2Cのサービス業のやり方をそのまま当社のようなB2Bのメーカーに適用するのは無理があるように思える。しかし、一方ではメーカーとサービス業の垣根も低くなってきて、メーカーもサービス業化というか、サービス業の知恵を取り込まなければならない。当社の**B2B営業の閉塞状況を突破するための大きなヒント**になるはずだ」

事業部長の言葉にメンバー一同はうーんとばかり、会議室の天井に目を向けた。

リベニュー・マネジメントは
『きめ細かさ』で儲けるビジネスモデル

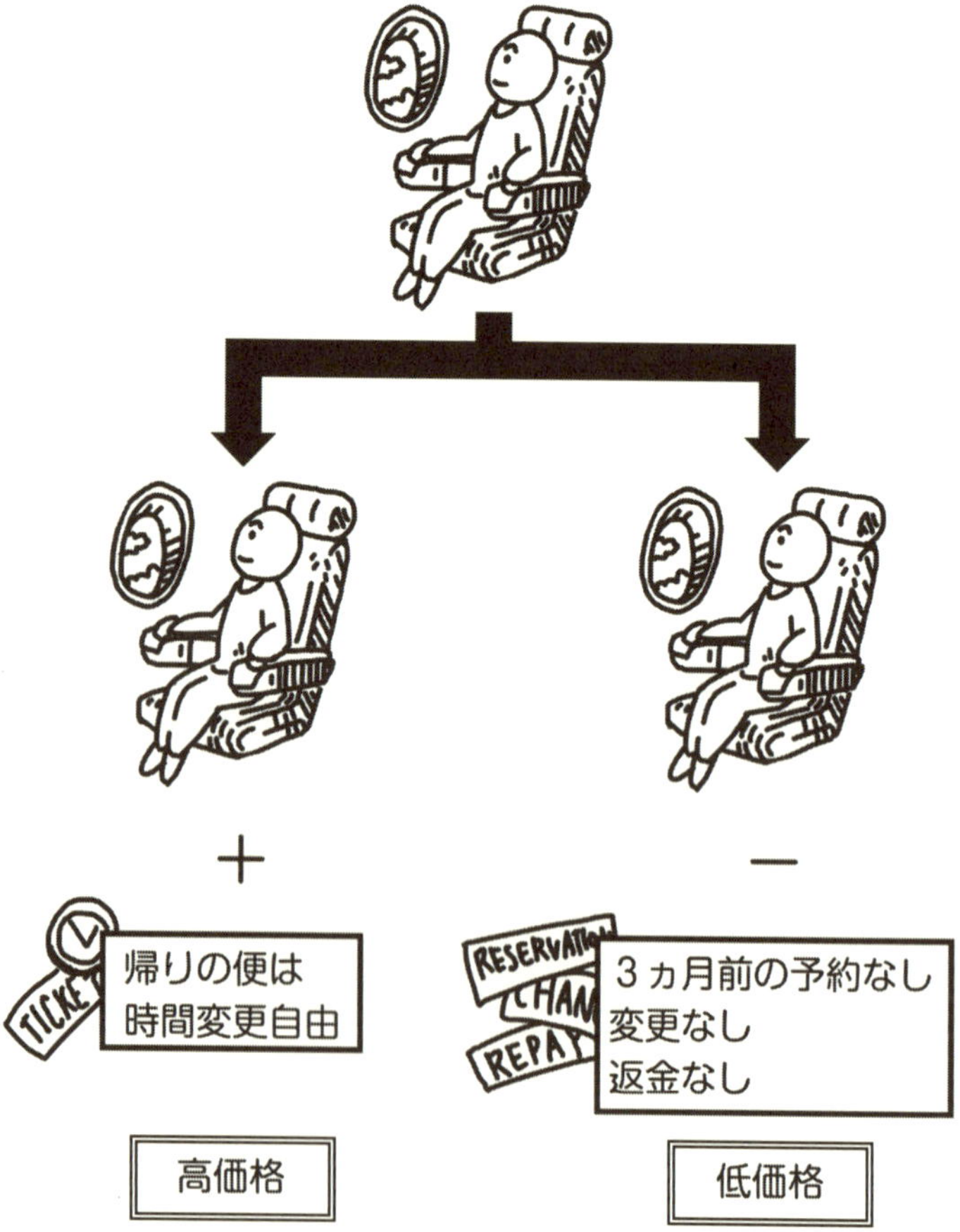

2.4 そうだ、リベニュー・マネジメントだ！

リベニュー・マネジメントが当社の閉塞状況の突破口になるかもしれないという言葉にしばしば天井を見入っていたグエン君が言った。

G：「私達**B2B営業の本来のミッション**というか、役割は何でしょうね。製造した製品のセールスとか、次の製品や、顧客、売り方に関するマーケティングとかいろいろありますが、短期的には**限界利益の最大化**ですよね。**限界利益は売上から変動費を引いたもの**です」

事業部長がグエン君の限界利益の最大化という話に大きく頷いて話を始めた。

B：「リベニュー・マネジメントは、リベニューつまり売上を最大化するためにきめ細かく販売機会を拾いまくり、機会損失をなくそうとするものだ。航空会社やホテルといった固定費が圧倒的に大きい業種では、固定費に比べて変動費は無視できる程小さいから、**売上イコール限界利益**といっていい。その意味で、サービス業や製造業のどの業種であっても営業の短期的なミッションは限界利益の最大化で同じだ。ただ、限界利益という言葉は私自身あまり好きな言葉ではない。英語のマージナル・プロフィットを最初に訳した人が、マージナルを限界という言葉に置き換えたものだ。もともとの定義は製品をもう一つ作った場合の、売価からもう一つ作るのに必要な変動費増加分をマイナスした値のことだ。**粗利**とか固定費の充当に貢献するという意味で**貢献利益**と呼ばれるものに近い概念だが、そのほうがむしろわかりやすい。でもまあ、ここでは限界利益という言葉を使うことにしておこう」

部長の話を聞いていた♂君が自分の頭の中を整理するように言った。

♂:「航空会社のリベニュー・マネジメントのエッセンスは、①ビジネス機会を極限まで**細かくミクロ化**して、②それぞれの**TPOに合わせて**商品としてのチケットをつくり、③ネットや、コンピュータのようなハイテクを駆使して売ることにより、④**売上を最大化**することで利益も最大化するわけですね。でも、当社の場合はメーカーで製品の数量によって変動費も大きく変わるわけですね。だから我々営業マンは売上ではなく、**限界利益の最大化**を考えなければならない」

♂君の話している間に一瞬考えがひらめいたK課長が言った。

K:「事業部長、リベニュー・マネジメントの考え方を機能材料の事業にも十分使えるように思えます。話は簡単です。リベニュー・マネジメントの解説の中で『売上』と書いてあるところを『**限界利益**』**と置き換える**だけで、あとは全てリベニュー・マネジメントのエッセンスを使って、機能材料事業の限界利益を最大化できるはずです」

グエン君も言った。

G：「航空会社が生き残る手段として使っているリベニュー・マネジメントのエッセンスを取り込めば**世界最強のB2B営業部隊**となることができるわけですね。おもしろい！」

メンバー一同、具体的な一つの突破口の糸口をつかんだことで議論は急に活発になった。

K課長が言った。

K：「航空会社で座席を満席にするということは、当社に当てはめれば**製造ラインをフル稼働させる**ということですね。つまり、『**作り切る**』ということです。そして、それを営業がダイナミックなプライシングで『**売り切る**』ことですね」

♂君がつづいた。

♂：「私達営業マンはいつも売れない理由を並べる。もしも、○○だったら、とか、○○できレバとか。良く考えればこれらのタラ・レバは全て機会損失であり、潜在的な売り上げアップの可能性を秘めている。**タラ・レバこそ増収増益に向けての宝の山**ですね」

事業部長がその戦略的意味を噛みしめるように言った。

B：「『**作り切る**、**売り切る**』と『**タラ・レバは増収増益の宝の山**』だな」

リベニュー・マネジメントを取り込んで最強のB2B営業舞台を作る！

①ビジネス機会を細分化

②TPOに合わせた商品化

③ハイテクを駆使して『売り切る』

④限界利益の最大化!

3. B2B事業の新たなビジネスモデルをつくる

B2Bビジネスの事業環境は更なるグローバル化、新興国の台頭、IT化の加速などで激変している。従来のビジネスモデルから脱皮して、時代にマッチした新たなビジネスモデルへの転換が必要だ。

3.1 だめだ、増収増益に向けてのビジネスモデルが見えない！

先行先取り提案をする**アクティブ・ソリューション（AS）型のビジネスモデル**でB2B営業マンの売る力をパワーアップできる。また、**リベニュー・マネジメント（RM）型のビジネスモデル**を活用すれば、もっと儲けることができそうだということで、メンバーの目が輝き始めた。

K課長がこれまでの議論をまとめた。

K：「増収、言い換えれば**売る力のパワーアップ**に向けて私達B2B営業マンはフェイス・ツー・フェイス（F2F）の営業で、従来の受け身（パッシブ）ではない先行先取り提案、つまり能動的なアクティブ・ソリューション（ＡＳ）型のソリューションを提供することで道が開けるということで納得しました」

メンバー一同、その通りというふうに頷くのを確認して、Ｋ課長が続けた。

Ｋ：「また、増益、言い換えれば**儲ける力のパワーアップ**に向けては、既に多くのＢ２Ｃサービス業で採用されているリベニュー・マネジメント型のビジネスモデルを取り込むことで、現在の営業における広い意味での取りこぼし、機会損失を最小化することができます。これらによって増益の道が開けるということで納得しました。これまでのところは、こういう議論だったということでよいですね」

Ｋ課長の確認の問いかけに、メンバー一同首をタテに振った。

しばらくして、頭の切れるグエン君がつぶやいた。

Ｇ：「確かに、増収に向けてはＡＳ型ビジネスモデル、増益に向けてはＲＭ型ビジネスモデルで推進していけばよいと理屈の上では納得はしたのですが、**実際にどう行動するのか**を考えてみると、何か釈然としません。**部分的なビジネスモデル**としてはわかるのですが、機能材料事業**全体としてのビジネスモデル**がグチャグチャになってしまいそうです」

事業部長がグエン君のつぶやきを聞いて、質問した。

Ｂ：「グエン君の言いたいことは、増収と増益に向けて議論してきたが、それらは部分解であって、ビジネスとしての全体解になっていないということだね。なるほど、そうかもしれない」

グエン君が事業部長に向かって発言した。

G：「AS型のビジネスモデルとRM型のビジネスモデルとでは互いに全く**異質のビジネスモデル**ですよね。AS型は、F2Fで**顧客に深く入り込んで**先行先取りのソリューション提案をするようなビジネスです。一方、RM型は、出来るだけ顧客に深入りすることなく、コンピュータを駆使して、**手離れよく**製品やサービスを売っていくビジネスモデルです。このように2つのお互いに異質なビジネスモデルが混在すると、全体のビジネスモデルが複雑になりすぎて、大きな混乱が起こると思います」

♂君もグエン君の言うことに頷きながら付け加えた。

♂：「ビジネスモデルはスッキリして、単純でわかりやすいほど良いビジネスモデルだと思います。私たちの機能材料事業部のビジネスモデルも**単純明快**なのがいい」

K課長が言った。

K：「これもあるセミナーで聞いた話ですが、外国企業に比べて**日本企業はビジネスモデルづくりが非常に下手くそ**だそうです。色々なビジネスモデルの部分を次から次へと持ってきては、それをパッチワークでどんどん取り込む。結果として、複雑でグシャグシャのビジネスモデルになってしまう。例えて言えば、旅館の建築のように本館があって、それに新館を付け加えて、更に別館をつくり、これらを狭い渡り廊下でつないだようなものです。お客様は複雑で迷ってしまうし、火事でも起こったら皆逃げ遅れてしまう」

♂君がわが意を得たりとばかりにK課長に質問した。

♂：「全く同感です。なぜ、日本企業はビジネスモデルづくりが下手なのでしょうね」

他のメンバーも興味深そうにK課長のほうを向いた。K課長が言った。

K：「日本企業は先天的にシステム音痴ということらしいです。ビジネスモデルは一種のビジネスのシステムです。個人では優れたシステムを考える日本人も、集団、組織になると全く音痴になってしまうそうだ」

日本企業が作るビジネスモデルは
複雑でグチャグチャ！

3.2 ビジネスモデルの選択と集中に挑戦する

増収増益の方法について順調に議論を進めてきたメンバー達だったが、ここで大きな壁にぶつかってしまった。機能材料事業のビジネスモデルをどう単純明快なものに再構築するかという壁だ。

K課長が言った。

K：「私もビジネススクールで勉強した時に感じたのですが、確かにわれわれ日本企業はビジネスモデルづくりが下手です。すっきりしたビジネスモデルを持たないで、その場その場で適切に、あるいは適当に事業を展開しています。システム音痴と言ってしまえばそれまでですが、他に理由はないのでしょうかね」

♂君とK課長がビジネスモデルについて疑問を投げかけ合っているのを聞いて、事業部長が少し長い話を始めた。

B：「ビジネスモデルが単純明快かそうでないかは、**事業領域や勝ちパターンについて選択と集中**がしっかりできているかどうかにかかっている。

ＩＢＭ社を例に考えてみよう。ＩＢＭ社は大型コンピュータの時代が終わった後、コンピュータのダウンサイジング化の流れのなかで、一つはサーバーを中核にした**ビジネスソリューション事業**ともう一つはパソコン事業の2つを展開していた。実はこの2つの事業はビジネスモデルが全くちがう。ビジネスソリューション事業は既に議論した顧客から見た価値で分類した勝ちパターンのマトリックスに当てはめれば、**典型的なソリューション型**だ。一方、パソコン事業は規格品を大量生産大量販売をする**汎用品型**の事業だ。2つの異なるビジネスモデルを展開することは非効率的だと判断したIBM社の経営陣はパソコン事業を中国のレノボに売却した。こうして**勝ちパターンの選択と集中**をおこない、スッキリしたソリューション型一本の非常に単純明快なビジネスモデルをつくり上げたわけだ」

♂君がなるほどという顔をしながら言った。

♂：「私もIBM社の勝ちパターンの選択と集中については納得です。私たちの機能材料事業も同じようにソリューション型一本に絞り込むとか、汎用規格品を量産して手離れよく売る汎用品型に絞り込むとか、どちらか一方の**事業を選択して集中**すれば、単純明快なビジネスモデルができますよね。国内外の投資家たちもそのように考えると思うのですが」

事業部長は♂君の考え方を受け止めたうえで、しかし**全く異なる自らの考え**を伝えた。

B：「♂君の言うことは正しいと思う。正しいという意味は、教科書的に正しいということだ。しかし、よく考えると多くの経営の教科書は米国でつくられている。**米国の社会規範とか、価値観**がその土台にある。事業や従業員を比較的簡単にリストラするのは、そのような土台があってのことだ。実際、ＩＢＭ社が大型コンピュータビジネスからソリューション事業へと軸足を移した時は大半の社員が入れ替わったと聞いている。日本企業でもリストラはするが、それは最後の手段だ。今いる社員を可能な限りリストラしないで、増収増益に向けて舵取りをしなければならない。だから、どうしてもビジネスモデルが単純明快というわけにはいかない。今後、日本企業も欧米企業のマネジメント方式に影響を受けて徐々に変わっていくだろうが、当面は**大胆なリストラをしないという前提**で事業展開をしないと社内外に受け入れられない」

Ｋ課長が言った。

Ｋ：「これまでのビジネスモデルの議論を、もう一度整理したいと思います。機能材料事業のＢ２Ｂ営業としては、増収に向けて、顧客の抱えている材料に関する問題に対して、先行先取りという能動的なアクティブ・ソリューション（ＡＳ）型を第一の勝ちパターンとします。一方、当社の製品のかなりの大きな部分は「機能材料」とは言っても、差別化の乏しい、価格競争の真っただ中にある汎用的な製品です。それらを全てＢ２Ｂ営業がソリューション型で売りさばくことはできません。そこで、第二の勝ちパターンとして、Ｂ

２Ｃのサービス業が既に導入しているリベニュー・マネジメント（ＲＭ）型のビジネスモデルを当社も導入します。リベニュー・マネジメントは、簡単に言えば**差別化されていない製品から利益をくみ上げるしくみ**です。問題は、二つのビジネスモデルは互いに全く異なるわけで、そのまま導入しても営業が大混乱に陥ってしまうことが予想されます。２つのビジネスモデルをうまくつなげる何か良い方策を考え出さなければなりません」

　ここでまた行き詰ったメンバー一同は再び天井を見上げた。

IBMでは……

この会社の場合……

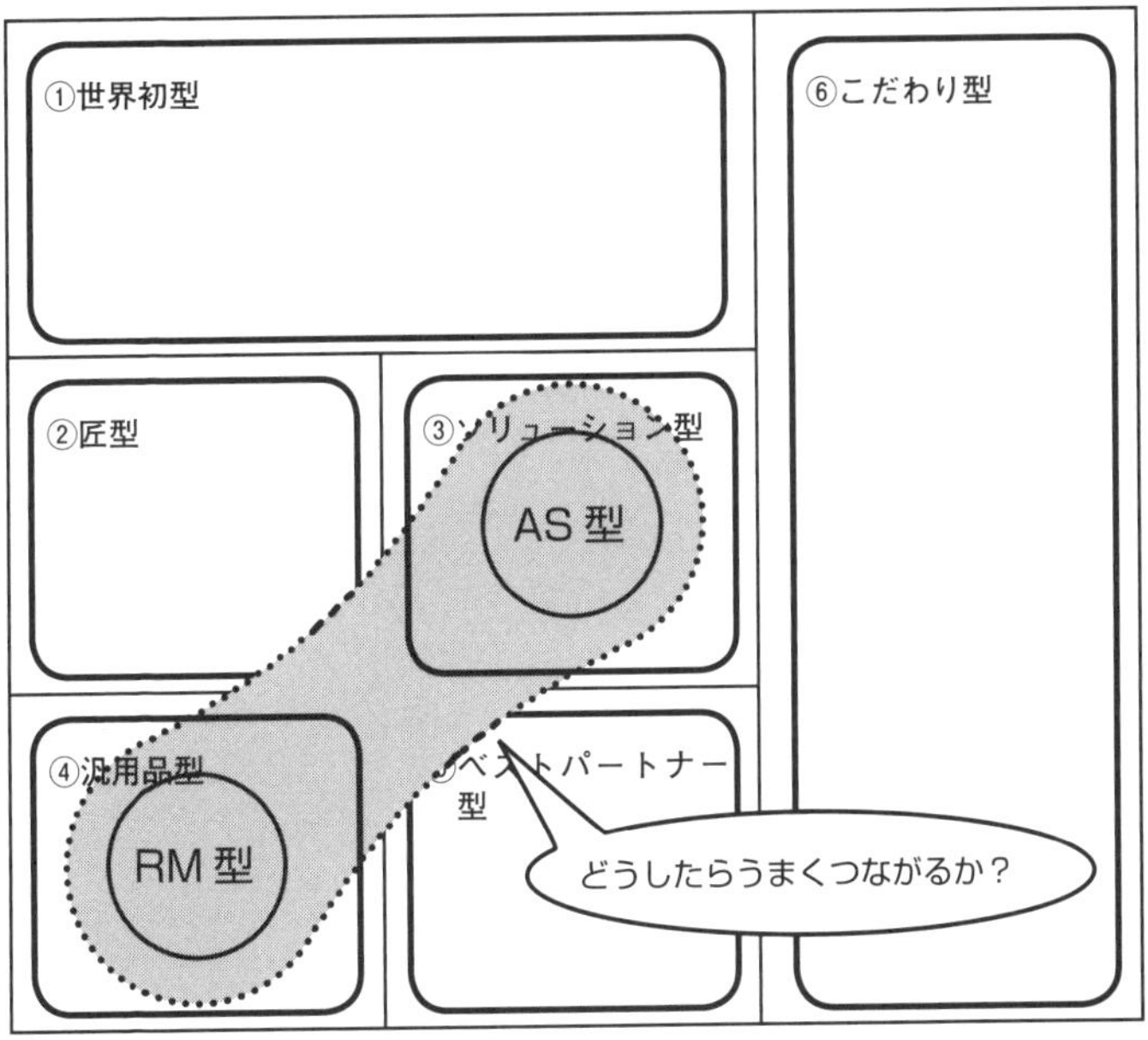

3.3 オーダーメイド、イージーオーダー、既製服で整理

提案型ソリューションとリベニュー・マネジメントという全く異なるビジネスモデルをどうすれば一体化できるのかをメンバー一同は考え始めた。

頭のいいグエン君が言った。

G:「2つのビジネスモデルを一体化することは、それほど難しいことではないと思います。**アパレルの事業をイメージする**とわかりやすいと思います」

機能材料事業にアパレル事業のイメージを重ねることとはどういうことなのか? メンバー一同はグエン君の話に耳を傾けた。

グエン君がつづけた。

G:「アパレル事業では、オーダーメイド服、イージーオーダー服、既製服の3通りがあります。当社の機能材料事業もこの3つで整理することで独自のビジネスモデルをつくることができます」

K課長が確認するかのように言った。

K:「オーダーメイドというのは、お客様の個別の体型と要求に全て対応して、そのお客

様だけの服をつくることですね。イージーオーダーというのは、予めいくつかのパターンを作っておいて、お客様の体型とサイズに一番近いパターンをベースにちょっとカスタマイズしてお客様ごとのオーダーメイドに近い服をつくることですね。そして、既製服はお客様が自分の体型とサイズに合わせて数ある中から選ぶ服ですね」

グエン君はその通りと頷いて、説明をつづけた。

G：「当社のB2B営業も機能材料という分野で、オーダーメイド、イージーオーダー、既製服を売っていると考えればよいのです。個別のお客様にソリューションを提案して売るのはオーダーメイド的です。B2B営業マンの最も重要な役割です。そして、それら多くの個別のソリューションの中で、同じようなものは一つの共通ソリューションとしてまとめて、イージーオーダー的に別の顧客へ提案すればいい。オーダーメイドは手間暇かかりますが、**イージーオーダーなら共通ソリューションの使い回し**ですから、一人の営業マンが〝ちょっと〟カスタマイズするだけですから、数多くの顧客を相手にスピーディに提案できます。こうすればソリューションでも効率的に大きく儲けることができます」

♂君が言った。

♂：「確かに、営業マンは手間暇かけたオーダーメイド的な個別ソリューションをイージーオーダー化して、共通ソリューションとして同じ業界の顧客へ水平展開すれば非常に営業効率が上がります。数多くのオーダーメイドのソリューションの中から使い回しのできそうなものを共通ソリューションとして営業マンが共有化して提案しまくるわけですね」

オーダーメイドとイージーオーダーのイメージについてメンバー一同は納得した。

グエン君は次に既製服の話を始めた。

G：「私達B2B営業はフェイス・ツー・フェイスで顧客にソリューションを提供するのが役目です。オーダーメイドとそれを効率的に展開したイージーオーダー的営業がその根幹ですが、それだけでは面白くありません。イージーオーダーの中から、さらに幅広く、汎用的に提案できる**ソリューションをパック化して、既製服としてネット販売する**のです」

K課長は目を丸くしていった。

K：「なに！　ソリューションパックをネットで販売するのか？」

グエン君は得意そうに言った。

G：「その通りです。簡単に言えば、多くの顧客の抱えている多様な問題に対して、当社のこの機能材料を、このようにして使えば解決しますよ、というソリューションレシピ付で機能材料をネット販売するということです。個別対応は一切しません。手離れをよくしなければ、ネット販売の意味はありませんから」

♂君が納得したかのように言った。

♂：「ということは、私達B2B営業部隊はフェイス・ツー・フェイスの個別営業だけでなく、それを汎用パック化して、非対面でのネット販売のシステムに乗せるところまでが仕事というわけですね。ネットに乗せた後は、ネット販売の担当者に任せるとして、**オーダーメイド的営業、イージーオーダー的営業、さらにソリューションパックのネット販売まで一気通貫**で視野に入れて、責任をもって営業するわけですね。ますます忙しくなるけれど、面白そうですね」

メンバー一同納得という表情をして議論は盛り上がった。ひとり事業部長だけがまだ納得がいかないという顔つきで質問した。

B：「たしかに、フルオーダー、イージーオーダー、既製服というイメージで営業することで、当社の機能材料事業の営業が大きく改善されることは十分理解できる。しかし、RMとの関係がよくわからない。RMは一つの製品やサービスにきめ細かく異なる条件や、サービスを設定して、**一つの製品から多様な商品**をつくりだし、〝ちょっと〟した違いで**ダイナミックに価格を変える**ことで、販売機会損失、儲けの機会損失を最小化しようというものだ。グエン君の提案するフルオーダー、イージーオーダー、既製服のビジネスモデルとどう結び付くのかな」

ＲＭをビジネススクールで勉強したＫ課長がグエン君の提案を後押しするように話し始めた。

Ｋ：「グエン君の提案は、２つの部分でＲＭのビジネスモデルを応用できると思います。一つは、フルオーダー、イージーオーダー、既製服のそれぞれで**大きく価格差をつけること**です。フルオーダーでの注文は高価格で、イージーオーダーは普通価格、既製服は低価格という具合に。予算を沢山持っている企業にはフルオーダー的に対応するわけです。

もう一つは、既製服、つまり各種汎用ソリューションパックのネット販売においても、パックの中で比較的高価格のパックから超低価格のパックまで、中身を〝ちょっと〟変えて、価格をダイナミックに変えたものを予め用意しておきます。その時の、市況や工場の稼働と在庫状況に合わせて、**刻一刻とネットに並べるソリューションパックの種類をきめ細かく変えて**いきます。市況が良い時は比較的高価格パックを、在庫が残りそうなときは低価格パックを並べて売り切るわけです。ある程度は、現在でも営業の勘と経験と度胸で粗っぽくやっていますが、ＲＭではコンピュータやデータ分析ソフトを使いながら、システマチックにやるわけです。航空チケットの場合など、１時間単位でネットに並べる〝商品〟を変えることもあるそうです」

Ｂ事業部長は頷きながら言った。

B：「なるほど、K課長の説明で頭の中をしっかり整理できました。早い話が、**3段の滝**をイメージすればいいわけだ。一番上流の滝がオーダーメイド、つまり個別の顧客べったりの提案型ソリューションだ。手間暇かかる分、高く買っていただく。その次の中段の滝がイージーオーダーだ。オーダーメイドのソリューション事例を共通化、共有化して使い回す。こうすれば極めて効率的に提案型ソリューションができるから、少し価格は安くしてもいい。一番下の滝が既製服、つまり汎用ソリューションパックのネット販売だ。これは、営業が顧客と関わらないで、受注センターから直接工場、発送という流れになる。さらに、〝ちょっと〟条件、サービスを変えて、大きく価格を変えたソリューションパックを多数用意して、状況に合わせてきめ細かく、かつダイナミックに売り物を変えるというRMを実施すればいい」

アクティブ・ソリューションとリベニュー・マネジメントを
三段の滝のイメージで一体化！

3.4　B2B営業の基本戦略をつくる

三段の滝の図で、メンバー一同の頭の中に機能材料事業におけるB2B営業の今後の姿のイメージができあがっていった。

B事業部長が言った。

B：「これまでの討議で、どうやら我々機能材料事業部のB2B営業のあり方が見えてきたような気がする。ここら辺でB2B営業の基本戦略として単純明快に整理してみたいと思うがどうだろうか？　K課長、まとめてくれないかな」

また俺がまとめるのかと心の中でつぶやきながら、K課長がこれまでの議論をまとめた。

K：「私たち機能材料事業部の従来の営業姿勢は、次の3点にまとめられると思います。それらは、①**製品力に頼った営業**でお得意様の次の受注につなげるため、②**何でも対応による顧客満足**の獲得を重視した営業、そして、③**絶えざるコストダウン**による増益実現でした。これらの努力で諸先輩は事業を拡大してきたわけです。

しかし、時代とともに、製品の差別性が稀薄になり、結果として汎用品はネット販売で価格競争に陥ってしまいました。また、顧客満足を重視するあまり、営業が何でも対応で

忙酔病に陥りました。**いつも同じ顧客ばかり訪問**営業しては、そのたびに多くの宿題をもらってくることが営業の仕事と勘違いしている若手も多くなりました。コストダウン活動については、乾いた雑巾状態でマンネリ化しており、効果が著しく低下しています。このようにして、今日の**閉塞状態**に陥ってしまいました。以上が現在の営業の状況です」

K課長のまとめを聞いて、メンバー一同「その通り！」とばかりに頷いた。

K課長がまとめを続けた。

K：「このような閉塞状況を突破するために、従来とは違う、もう一つの営業基本戦略を構築することが必要です。そのエッセンスは2つです。

一つ目のエッセンスは、対応型の受け身のソリューション営業から、**先取り提案型のアクティブ・ソリューション（AS）営業への転換**です。まず、顧客を競合他社以上に熟知し、顧客の問題、課題を先取りして、その解決策としてのソリューションを競合他社に先駆けて提案します。そうすることで、当社の機能材料がスペックインされます。しかし、このようなオーダーメイドの一品料理のソリューションばかりでは効率が上がりませんから、可能な限りソリューション事例を共通化、共有化して共通モジュールの使い回しによるイージーオーダー型の提案営業を進めます。これで営業マンの効率は倍増します。このようなアクティブ・ソリューション営業によって、今まで以上に顧客への営業力がパワーアップされます」

アクティブ・ソリューション型への転換について、メンバー一同納得した。

K課長がつづけた。

K：「2つ目のエッセンスは**リベニュー・マネジメント的なきめ細かな価格設定**です。既にホテルやレンタカーなどB2Cのサービス業では常識になっているRMの考え方を当社の機能材料事業に取り込むことです。具体的には、オーダーメイドは高価格、イージーオーダーは普通価格、既製服としてのネットソリューションパックは低価格という基本価格体系にします。さらに、ネットソリューションパックの中身を〝ちょっと〟だけ条件やサービスに差をつけて、しかし価格は大きく差をつけた多様な〝商品〟を予めメニューとして設定しておきます。それらをビジネスの状況、顧客の状況、タイミングによって、刻々と売るべき商品を並べ替えます。

RMの狙いを簡単に言えば、高く買って下さるお客さまには高価格のパック商品を、安ければ買って下さるお客様にはそれなりのパック商品を幅広く品揃えし、市況、製造ラインの稼働状況、在庫状況などを総合的にプログラムにいれて、今売るべき商品をきめ細かく、刻一刻と変えていきます。こうすることで、今は笊《ざる》状態になっているビ**ジネスの機会損失を最小化**します」

K課長のまとめに一同頷いた。B事業部長が言った。

B：「アルキメデスが偽物の金の王冠を見破る方法を発見した時、彼は『ユーレカ！』と叫びながら風呂場から裸で飛び出してきたそうだ。『ユーレカ』とは「わかった」（われ発見せり）という意味のギリシャ語だ。私は今日の営業戦略の結論については『ユーレカ！』だ。皆さんはどうだろうか」

メンバー一同声を揃えて言った。

「ユーレカ！」

３つの従来型戦略と問題

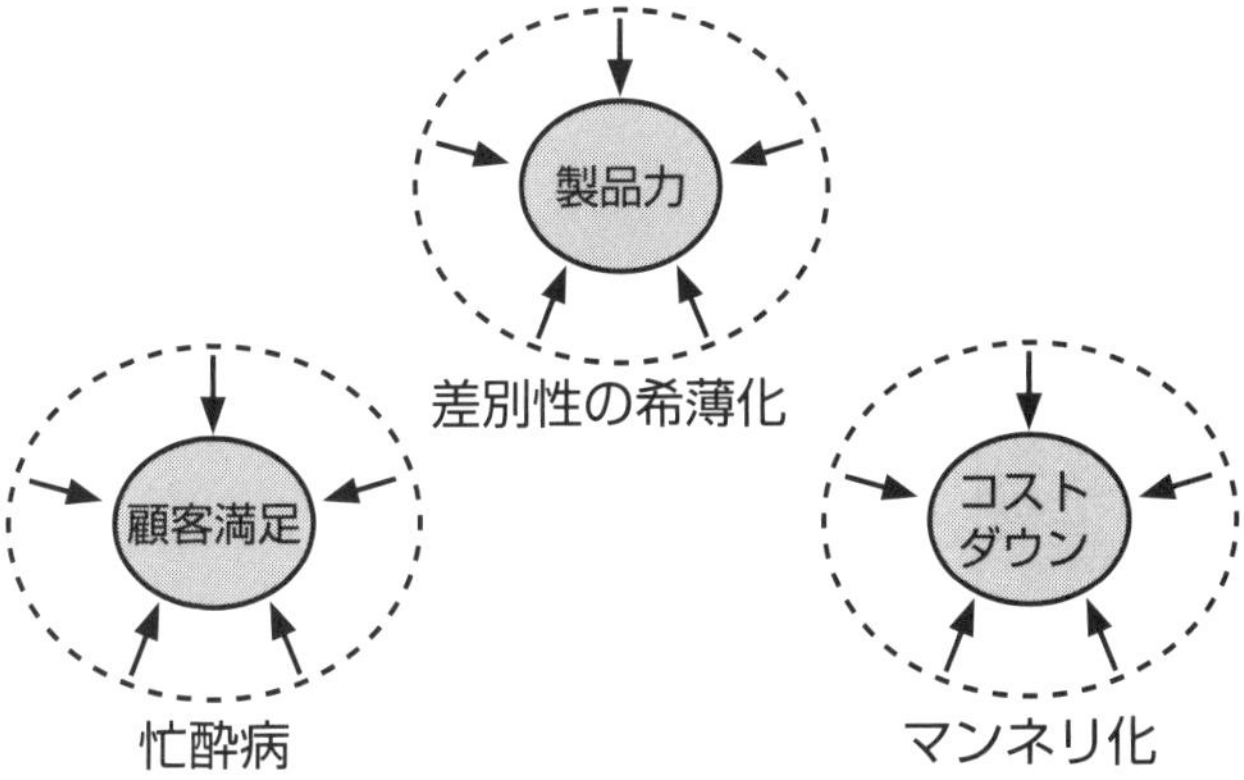

もう１つの営業戦略

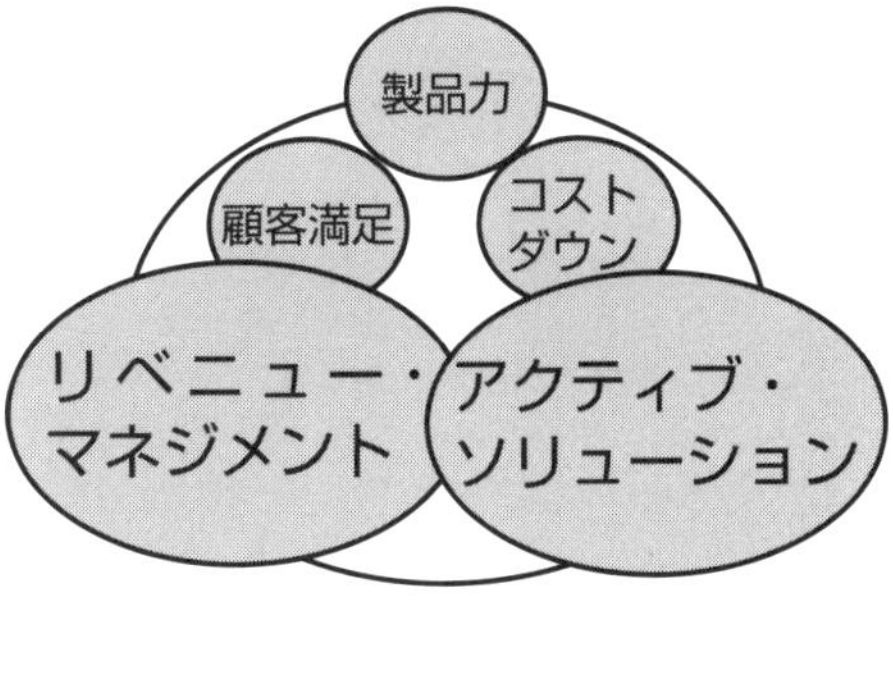

4. B2B営業マンの〝動き〟を設計する

ビジネスモデルは事業の〝形〟だ。その〝形〟の枠組みの中で営業マンが動き回って増収増益を実現する。だから、営業マンの〝動き〟としての行動モデルを設計しければならない。新しいビジネスモデルと新しい行動モデルがセットになってこそ世界で存在感のあるB2B事業を展開できる。

4.1 ビジネスモデルと行動モデルをセットにする

アクティブ・ソリューション（AS）とリベニュー・マネジメント（RM）を複合化した新たなビジネスモデルを構築することで、これまで閉塞していた機能材料事業を増収増益の軌道に乗せることができるとメンバー一同は確信した。

事業部長が問題を提起した。

B：「ビジネスモデルとしては、これでいい。「ユーレカ！」だ。この複合ビジネスモデルで何としても高収益事業を実現したい。問題は、〝動き〟だ」

♂君が事業部長の問題提起の内容を確認した。

♂：「ビジネスモデルは、スポーツに例えて言えばサッカーをやるのか野球をやるのかの選択のようなもので、ビジネスの枠組みやルールのようなものを共有化したということですね。そして、つぎは一人一人のプレーヤーがどう動くかが問題だということですね」

同様に、頭の切れるグエン君が問題提起の内容を繰り返した。

G：「事業部長のおっしゃりたいことは、ASとRMの複合ビジネスモデルは私たちの機能材料事業部の新たなビジネスモデルとして納得できるものだが、本当の問題はその土俵の上で私たち営業マンが実際に増収増益に結び付けるための行動モデルだということですね。**ビジネスモデルだけでは不十分で、行動モデルとセットになってはじめて意味を持つ**ということですね」

事業部長が何度も首をタテに振って言った。

B：「その通り、その通りだ。ビジネスモデルはこうありたいという事業の〝形〟だ。その〝形〟の枠組みの中で、増収増益を実現するために、〝動き〟としての行動モデルがぜひ必要だ。**〝形〟と〝動き〟が合わさることでわれわれB2B営業マンのあるべき〝姿〟となる**」

K課長がなるほどという顔をして話をはじめた。

K：「確かに世の中一般的にはまず戦略ビジネスモデルを示し、その実現に向けて解決すべき多くの課題を羅列して、その課題を解決する順番とスケジュールを棒線に記入したアクションプランを作っています。これらを合わせて戦略プランとして共有しています。だから、アクションプランはビジネスモデルを実現するための行動スケジュール表と位置付けられています。一方、事業部長の言わんとする〝動き〟とは、選択したビジネスモデルの中で、営業マン達が増収増益に向けていかに日々粘り強く動くかという行動モデルですね。それが共有されていないとビジネスモデルだけでは何の意味もないということですね」

♂君が言った。

♂：「つまり、アクションプランはビジネスモデルを具体化するための一過性の行動計画、一方、〝動き〟は新たなビジネスモデルの中でいかにB2B営業マンが増収増益に向けて**何を繰り返し、繰り返し行動するべきか**を示した行動モデルということですね。わかりました」

♂君が納得したのをみて、B事業部長は更に持論を話した。

B：「私はビジネスモデルももちろん重要だが、それ以上に**行動モデルが重要**だと感じている。なぜなら、同じビジネスモデルであっても、その中身を常に進化・変化させていかなければならないし、そうしなければビジネスモデルはすぐ他社に真似されてしまう。だから、重要なのはビジネスモデルを常に進化・変化させていく〝動き〟ということになる」

事業の“形”（ビジネスモデル）と
“動き”（行動モデル）をセットにすることで
“姿”ができあがる

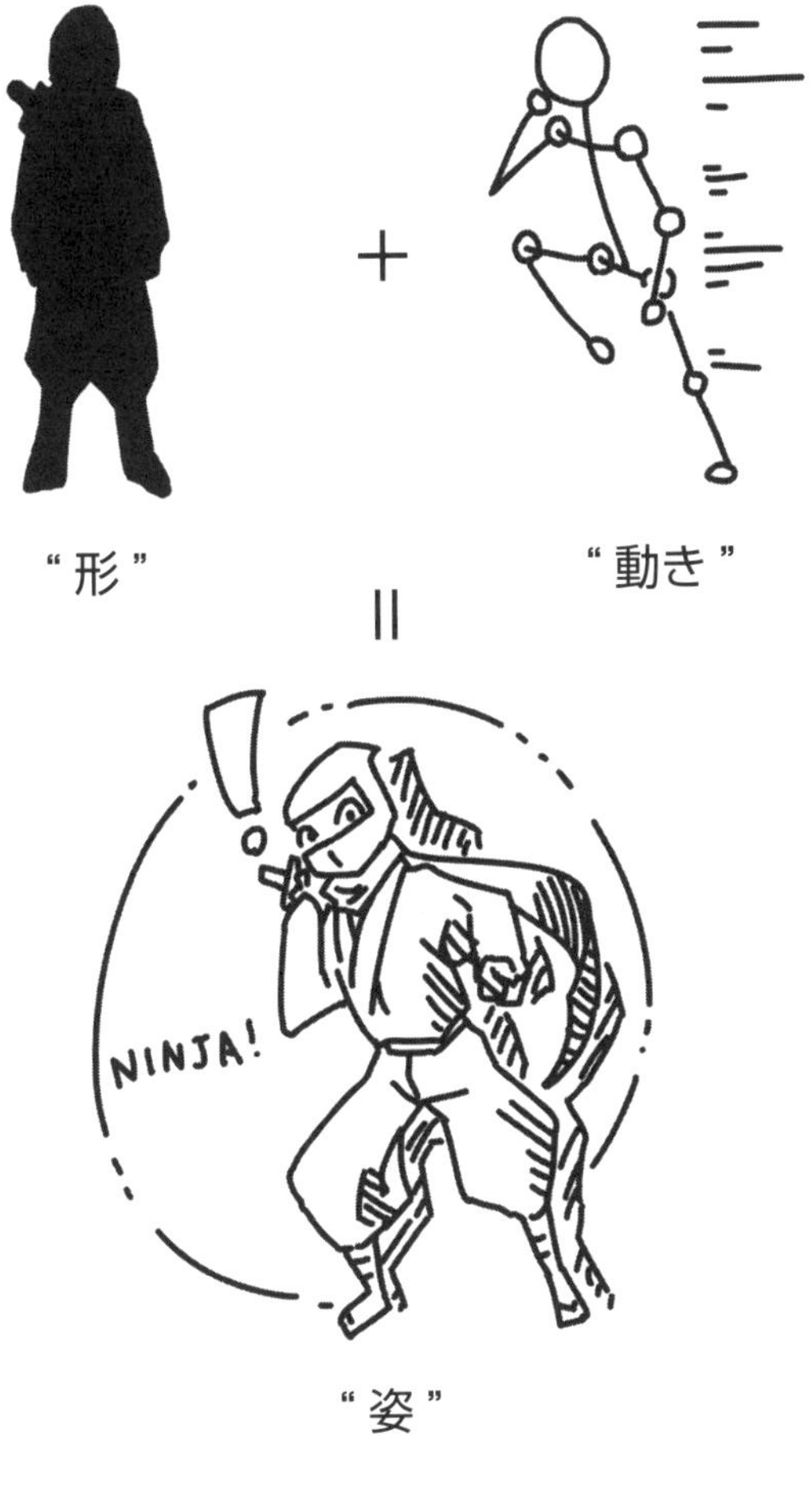

4.2　T＆E行動の選択と集中をおこなう

メンバー一同の議論の焦点がビジネスモデルの話から行動モデルの話へと移っていった。グエン君が言った。

G：「事業部長、〝動き〟の話が少し混み入ってきました。私なりに機能材料事業のB2B**営業マンの〝動き**〟を具体的に整理してみたいと思います。戦う土壌はアクティブ・ソリューションとリベニュー・マネジメントの複合ビジネスモデルです。〝動き〟としては、まず、能動的にソリューションを顧客企業に先取り提案をします。効率的なイージーオーダー型で数多くの提案するために、それまでの多くのオーダーメイドのソリューション事例を整理して、予めモジュール化しておきます。こうすることで各種の顧客の問題状況に合致したソリューションをモジュールの組み合わせで効率的に進めることができます。

これらの一連のステップは〝動き〟ということで整理すると、

①顧客を他社以上に熟知する、

②ソリューション事例のモジュール化、

③モジュールの組み合わせによる先取り提案をする、

④顧客の反応を見て、さらに新たな提案をする、

の4つになります。これらを絶えず、日常的に繰り返して、グルグル廻していくことが行動モデルということですね」

メンバー一同異論はないとばかりに頷いた。グエン君がつづけた。

G：「以上が**アクティブ・ソリューション**の部分ですが、さらに**リベニュー・マネジメントの〝動き〟**も同時に進めます。イージーオーダー型で実績のあるソリューションの中から汎用性のあるソリューション事例を機能材料とその問題解決レシピのパックにして、ネット上に乗せることです。つまり、具体的な〝動き〟としては、

①イージーオーダー型で数多くの実績のあるソリューションを、既製服のような売り切り型のソリューションパック（機能材料とレシピと販売条件のセット）に仕立て上げる、

②ソリューションパックの中身をきめ細かく変え、価格もそれらに対応して、しかし大きく変える（ダイナミック・プライシング）そして、

③TPO（時と場合と状況）に応じて、ネット上に並べるソリューションの品揃えを変える、

④刻一刻と状況を見ながら、限界利益の最大化を実現する、

⑤営業マンのKKD（勘・経験・度胸）に頼るローテクではなく、市況や過去のデーター

をインプットしたコンピュータによる分析というハイテクをベースとする、ということですね」

メンバー一同頷いたところで、事業部長が言った。

B：「グエン君が私たちの機能材料事業を念頭に整理してくれたので、イメージの共有がある程度できたと思う。さらに付け加えたいことは、ビジネスモデルは競合他社も真似してくるということだ。ある企業は思い切ったリストラをして短期間で同じビジネスモデルで戦いを挑んでくるだろう。また、他の企業は企業内部や取引先などのしがらみで思うようにビジネスモデルの転換ができないかもしれない。そのほうが当社にとっては都合がよいが、いずれにせよ胸に刻んでおかなければならないことは、ビジネスモデルはあくまで土俵のようなものであって、本当の勝負は土俵の上の〝動き〟で決まるということだ」

グエン君は事業部長のいう〝動き〟についてあることに気が付いた。

G：「事業部長のおっしゃる〝動き〟の概念についてはおおよそ理解できました。何となく感じているのですが、事業部長のおっしゃる〝動き〟とは、**試行錯誤とか、トライ・アンド・エラーにおけるやり方の選択と集中**が非常に重要なポイントなのではないでしょうか」

ビジネススクールの優等生だったK課長も続いた。

K：「私も同感です。ビジネススクールで学んだ米国流の行動とは、まず戦略計画として、戦略ビジネスモデルとそれを具体化する戦略シナリオを精緻に作ります。次に、その戦略シナリオに沿って、個人に役割分担を与えてプロジェクト体制を組んで、スケジュール通りに動いて一気に具体化します。これをインプリメンテーションといいますが、米国流の行動モデルとはそういうものです。

これに対して、事業部長のおっしゃる〝動き〟は、色々な試行錯誤、色々なトライ・アンド・エラー行動など営業マン個人の小さな挑戦の繰り返し、積み重ねによる突破が求められている。そしてそのためにはT＆E行動の選択と集中こそがエッセンスだと。まだ、頭の中が『ユーレカ』までは程遠い状態ですが」

《アクティブ·ソリューションの“動き”》
①顧客を熟知
②ソリューション事例のモジュール化
③モジュールを組み合わせて先取提案
④さらなる提案
《リベニュー·マネジメントの“動き”》
①ソリューションパック化
②大胆な価格の変更
③ネット上のきめ細かい品揃え
④刻一刻対応
⑤コンピュータ分析
う〜む

4.3　勝利の行動設計図をつくる

ビジネスモデルが大切なのは当然のこととして、さらに増収増益に至る行動モデルこそが重要だということで、〝**形**〟**の戦略論から**〝**動き**〟**の戦略論**へと議論が展開されていった。K課長をはじめとして、メンバー一同〝動き〟のイメージが固まらずにまだ漠然としていた。

B事業部長が言った。

B：「あまり教科書的な答えを探すのではなく、自分達がどのような状況であれば元気に顧客に提案できるのか、そして実際にどのように動けばASとRMの複合ビジネスモデルの枠組みの中で増収増益を実現できるかをイメージしてみればいい。既にグエン君がASモデルについては4つの行動、RMについても5つの行動を説明してくれているから、それを出発点にして〝動き〟を絞り込んでいったらどうだろうか」

グエン君がASとRMにおける行動モデルを再度説明した。

G：「ASの〝動き〟については、①他社以上の顧客熟知、②ソリューション事例のモジュール化、③モジュールの組み合わせによる先取り提案、そして④顧客の反応をみてスピーディに次の提案、という一連の行動の流れを繰り返してイージーオーダー型の受注を実現することです」

K課長が言った。

K：「グエン君の説明を聞いてわかったのですが、イージーオーダー型の受注を数多く重ねることが増収増益に向けての最大の関門ということですね。これができれば効率的な営業ができますから、より多くの顧客を回り、受注量を拡大できます。また、ソリューションの中身も同じモジュールの使い回しですから、工場や業務も効率的にできる。つまり増収増益を達成するためにイージーオーダー型受注の徹底という関門を突破しなければならないということですね」

♂君がK課長につづいて、さらに頭の整理をした。

♂：「つまり、イージーオーダー型による受注を重ねることが事業の増収増益のために突破しなければならない関門であって、そのために顧客熟知のために色々動いてみたり、モジュール化を試みたり、モジュールの組み合わせてスピーディな提案という個々のT&E行動をとるということですね。わかりました」

グエン君がRMの動きについても説明を繰り返した。

G：「RMの〝動き〟については、①イージーオーダー型のソリューションの中から、実績の多いものを既製服としてのソリューション・パックを品揃えします。パックの中身はハードとしての機能材料、ソフトとしての問題解決レシピやメリットの出る使い方、そしてサービスとしての梱包や配達、販売条件などです。②これらを微妙に組み合わせて、少しの違いで高価格から低価格までの大きな価格差のパックを多数品揃えします。つまり、同じモジュールに異なるソフト、サービスを組み合わせて多様な商品パックをつくるわけです。**一物一価ではなく、一物多価の商品づくり**をします。③高価格パックから低価格パックをネット上に並べて、手離れ良く売り切ります。時と場合によってネットに乗せる品揃えの種類を刻々と変えていきます。④低価格であれば買ってくれるお客様には安いパックを、高価格でも買って下さるお客様には高いパックを提供することで、受注の機会損失を最小化するわけです。⑤以上を勘ではなく、コンピュータ分析しながらやっていきます」

グエン君の説明を受けて、再びK課長が言った。

K:「つまり、増収増益のためにRMの〝動き〟の中で突破しなければならない関門は、機会損失の最小化を実現するということなんですね。現在の売り方では笊《ざる》状態になっているビジネス機会を、しっかりものにできるようにすれば増収増益につながるわけですね。そして、機会損失を最小化するためにソリューション・パックの品揃えや、ダイナミック・プライシング、さらにはコンピュータ分析を駆使して今売るべきパックだけネットに乗せるといったRMのやり方を、色々トライ・アンド・エラーしながら具体化していくということですね」

♂君が頭の整理をしながら言った。

♂：「だんだん頭の整理ができてきました。簡単に言えば、ASの〝動き〟では突破すべき関門はイージーオーダー型の受注に徹すること。そしてその関門を突破するための行動定石として、顧客熟知やモジュールづくりなどの行動の流れがある。

全く同じように、RMの〝動き〟では突破すべき関門が受注における機会損失の最小化であること。そしてその関門を突破するための行動定石として、一物多価の多様なソリューションパックづくり、ダイナミック・プライシング、TPOに応じたネット上に並べる品揃えなどの一連の行動があるわけですね。だいぶ整理できてきました」

頭の回転の速いグエン君が言った。

G：「事業部長、せっかくですから私たちの素材事業部の**勝利の行動設計図**をつくれないでしょうか。単純明快な行動設計図を共有できれば、戦略的行動のレベルを随時高めていくことができるように思うのですが」

勝利の行動設計図というグエン君の発言に事業部長はニコッとして言った。

B：「実は、わたしも同じことを考えて、私なりにB2B営業マンの行動設計図をつくってみた。極めて単純だ」

メンバー一同、身を乗り出して事業部長の話に耳を傾けた。事業部長が話をつづけた。

B：「設計図は3つの部分から成り立っている。第一は増収増益のための十分条件の設定、第二は増収増益に至る関門、第三は関門を突破するためのT&E行動シーケンスだ。簡単に説明しよう」

事業部長はパソコンからファイルを開いて、営業マンの行動設計図とタイトルのついた図をプロジェクターに投影して、説明を始めた。

B：「まず、**到達目標としての十分条件**だ。ここでいう十分条件とは、これさえ押さえれば絶対に増収増益が実現できるという厳しいけれども、間違いのない条件のことだ。機能材料事業についていえは、これまでの議論でも何度かでてきているが、モジュールを最大限使い回すことで増収増益が保証される。使い回しによりコストダウンが実現できるのと同時に、営業活動における効率化も同時になされ、その分顧客接点の拡大、ひいては受注量の拡大にもつながる。その意味で、**モジュールの使い回しの最大化こそ、機能材料事業部の増収増益を保証する十分条件**といえる」

メンバー一同なるほどと頷いた。事業部長がつづけた。

B：「第二は、**関門の明確化**だ。関門は十分条件を具体化するために突破しなければならない要件だ。**機能材料事業では①イージーオーダー型の受注に徹することと、②機会損失の最小化の2つ**だ。この2つの関門を突破することで自動的にモジュールの使い回しの最大化が実現し、結果として増収増益が保証される」

事業部長はさらに説明をつづけた。

B：「最後の第三は**関門突破のためのT＆E行動の定石化**だ。関門は一発で突破することはできない。何度かのT＆E行動が必要だ。最も確率の高いT＆E行動の流れを定石として共有することでT＆E行動の選択と集中が可能になる。イージーオーダー型受注の徹底という関門では、まず顧客を熟知し→モジュールを組み合わせ→先取り提案で打診し→真のニーズを探り→再度モジュールを組み合わせて提案という一連のT＆E行動を繰り返してイージーオーダー型受注を成功突破するわけだ。一方、機会損失の最小化という関門では、一物多価の多様なソリューション・パックを予めつくる→ダイナミックなプライシングをする→TPOに応じて限界利益を最大化するように品揃えを変える→売り切るという一連の行動を繰り返して機会損失の最小化という関門を突破する」

メンバー一同は営業マンの行動設計図に吸い込まれるように見入っていった。

勝利の行動設計図

1　到達目標としての十分条件

・モジュールの使い回しを最大化する

2　関門の明確化

この会社の場合……

①イージーオーダー型の受注に徹する

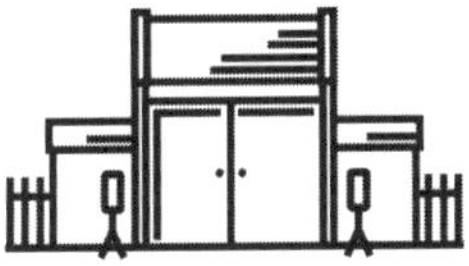

②機会損失の最小化

3　関門突破のためのT＆E行動の定石化

＜AS＞	＜RM＞
顧客を熟知 ↓ モジュールを組み合わせ ↓ 先取り提案で打診し ↓ 真のニーズを探り ↓ 再度モジュールを組み合わせて提案	一物多価の多様なソリューション・パックを予めつくる ↓ ダイナミックなプライシングをする ↓ TPOに応じて限界利益を最大化するように品揃えを変える ↓ 売り切る

4.4 〝動き〟の差別化で勝つ

事業部長による勝利の行動設計図の説明が終わったところで、メンバー一同の沈黙が続いた。盛りだくさんの議論をしたせいもあり思考力の限界に近づいていた。

事業部長が言った。

B：「皆さんと今後の機能材料事業のB2B営業のあるべき姿について長い議論をしてきましたが、どうやら一つの結論のようなものが見えてきたように思います。K課長にこれまでの議論をまとめてもらいましょう」

企画作りや、文書作りの得意なK課長が議論の全体を整理し、まとめた。

K：「私たち機能材料事業部の営業は閉塞状況に陥っています。売る力と儲ける力が失われています。そこで、今一度事業の原点に立ち戻って考えました。事業の原点とは『顧客から見た価値』であり、やさしく言えば『なぜ、顧客は他社でなく当社から買ってくださるのか』です。この点で議論した結果、**機能材料事業部は今後2つの『顧客から見た価値』で勝負**します。

一つは個別の顧客が抱える問題を先取りして、能動的にソリューション提案をすること。

もう一つは、多様な顧客に多様なソリューション・パックを簡単・便利に提供します。

前者は営業マンによるF2Fの個別対面営業で、後者はネットによる非対面の販売です。このような2つの顧客価値を実現するために、**アクティブ・ソリューションとリベニュー・マネジメントを複合したビジネスモデル**を構築します」

メンバー一同が頷くのを確認してK課長がまとめをつづけた。

K：「ビジネスモデルと同様に、いやそれ以上に重要なのが営業マンの行動モデルです。ビジネスモデルは〝形〟であって、その〝形〟の枠組みの中で、他社以上の行動力をもたなければ勝てません。つまり〝動き〟の差別化です。そこで、勝利の行動設計図と仮の名称をつけ**営業マンの行動モデルをデザイン**しました。3つの要素から成り立っています。

第一は増収増益が約束されるために押さえるべき十分条件、第二はそこに至る関門（複数）の明確化と営業マンによる認識の共有化、そして第三はそれぞれの関門を突破するためのT&E行動の定石を共有化することです」

K課長のまとめにメンバー一同は納得した様子で首をタテに振った。

グエン君が言った。

G：「振り返ってみると、今日の議論では新たな営業戦略をつくったわけですが、一言で言えば**2段階の複合化**をしたということですね。

第一段階ではＡＳのビジネスモデルとＲＭのビジネスモデルを複合化して新たなビジネスモデル、つまり〝形〟をつくりました。

そして、第二段階では、ビジネスモデル（〝形〟）と行動モデル（〝動き〟）を複合化して、新たな営業戦略（あるべき〝姿〟）をつくったというわけですね。頭の整理ができました」

♂君はまだまだ議論を続けたいという様子で発言した。

♂：「新たな営業戦略は素晴らしいと思います。これを営業マン全員で共有して、それぞれが〝動き〟を活性化すれば、他社に勝ち、増収増益を実現できると確信しました。そのためには、〝動き〟を一日でも早く営業マン全員に伝え、共有化しなければなりません。〝動き〟を伝えるのは文章のマニュアルではなくて、電子紙芝居のようにビジュアルでチョット動くものが理解しやすいのではないでしょうか」

グエン君も賛同して言った。

Ｇ：「今日の議論ではまだまだ〝動き〟のところが詰め切れていません、**電子紙芝居を作成しながら〝動き〟をつくり込んでいく**のが一番の早道のように思います。そして、電子紙芝居ができると、それをたたき台にして、色々な建設的な〝動き〟の事例やアイデアが組み込まれると思います。このようにして当社の営業マンの〝動き〟が更に進化・変化することが可能になります。今日の議論の内容を電子紙芝居に落とし込みましょう！」

K課長のまとめの後も、議論の終わる様子はなく、すでに時計は夜の10時をまわっていた。

二段階の複合化

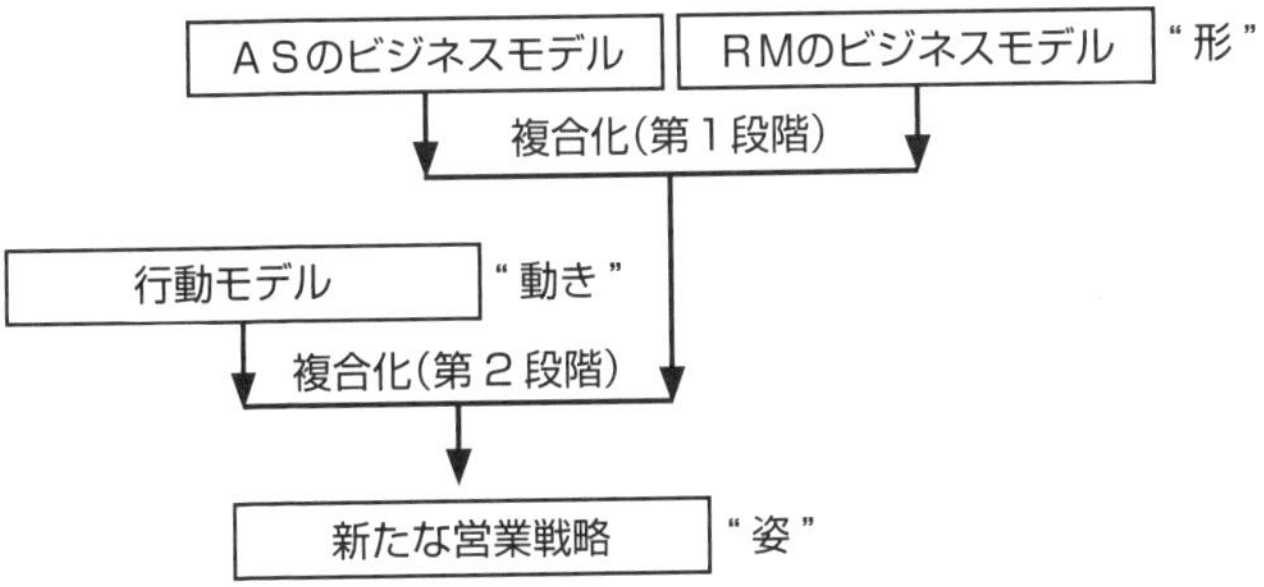

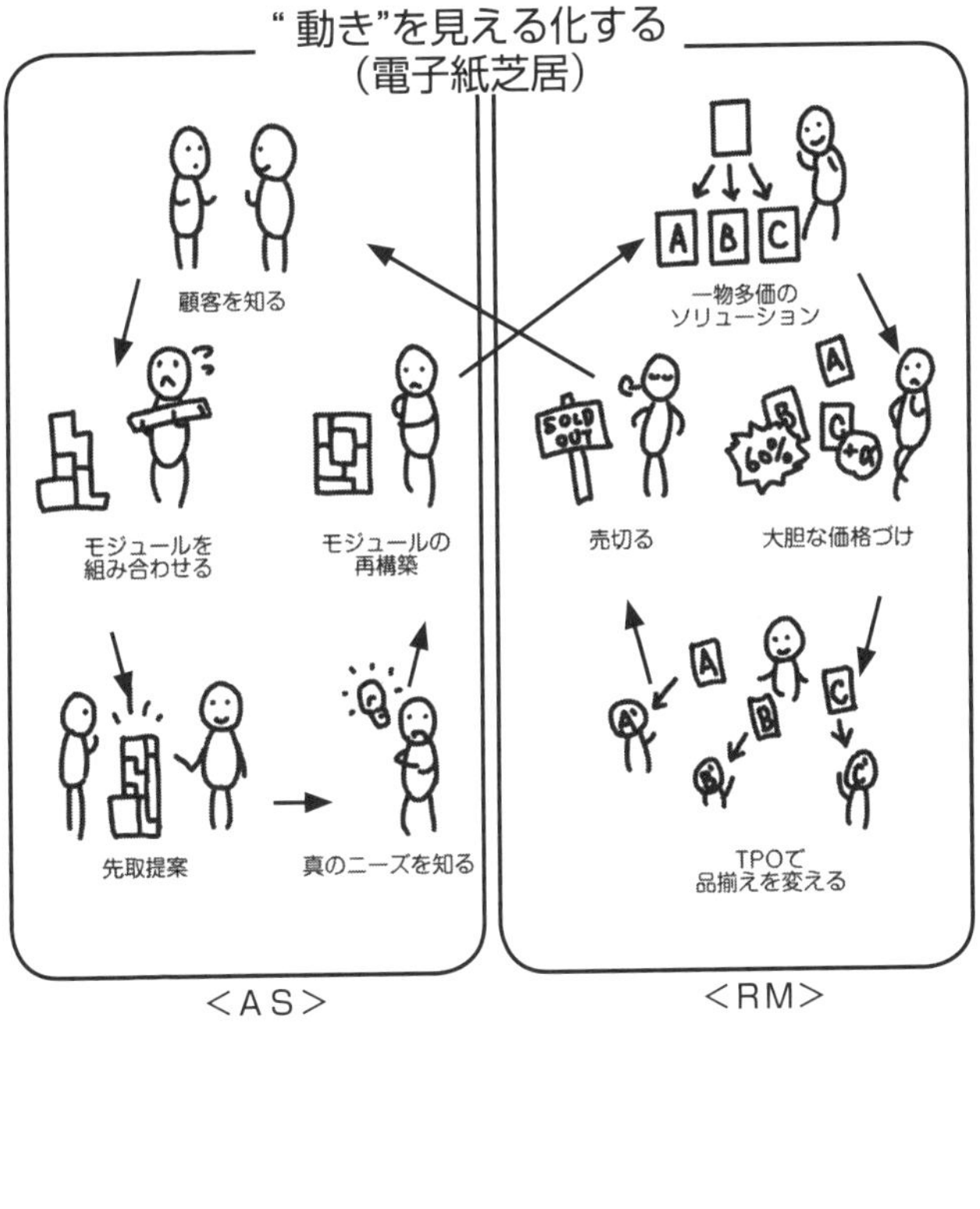

ディスカッション――ビジネスモデルと行動モデルの統合

Ｂ大学のビジネススルールの川田教授は、卒業生と３カ月おきに定期的な勉強会を金曜日の晩に開催している。卒業生は色々な業種で中堅社員として現在活躍している。教授とその教え子６名の勉強会でこの『Ｂ２Ｂ営業』の物語が取り上げられた。

勉強会メンバー：

川田教授：Ｂ大学ビジネススクール教授
高橋君：自動車部品会社の営業部長
宮田君：電機会社ソリューション営業部長
大林君：化学品会社経営企画部グループリーダー
石坂さん：人材派遣会社人事部長
小西君：医療サービス会社営業グループリーダー
山田さん：海運会社営業企画グループリーダー

D―1　日本企業の勝ちパターン

川田教授が『B2B営業』の物語を一通り説明し終わると、化学品会社で経営企画部のグループリーダーをしている大林君が言った。

大林：「私は**6つの勝ちパターン**のところが一番参考になりました。上司からビジネスの原点に戻ることが大切だと、何度となく言われて、たしかにその通りだと思うのですが、一体ビジネスの原点とは何かを誰も教えてくれませんでした。この小さな物語では、**ビジネスの原点は『顧客から見た価値』ですよ**と言い切っているところが凄いです」

川田教授が言った。

川田：「大林君と同じように私も感じている。さらに、技術と顧客（市場）を軸にしたマトリックスでビジネスモデルを具体的に6つに大別しているところも凄い」

電機会社に勤める宮田君がおもしろいことを言い始めた。

宮田：「このマトリックスに自分の企業の事業をざっとポジショニングしてみたのですが、全部のゾーンに拡散しています。この物語が重要だと主張しているビジネスモデルの選択と集中が全くなされていません。米国流の経営常識からいえば、全くの非常識というか、愚かな経営者ということになります。でも、国内の競合他社を見ても同じようなものです。この辺のことをどう考えたらいいのでしょう」

人材派遣会社に勤める石坂さんが宮田君の話を後押しした。

石坂：「宮田君のいる電機業界だけではありません。商売柄多くの、多様な業種の企業さんとお付き合いをしていますが、勝ちパターンの選択と集中ができている企業なんて、一部のオーナー型企業を除いてはほとんどありませんよ」

川田教授がその通りとばかりに言った。

川田：「ビジネススクールで経営学を教えていて一番困るのは、まさにこのことなのです。**日本企業の多くは戦略的に選択と集中をしていない**のが現実なんです。教科書とか、経営の雑誌や、経営のセミナーでは事業の選択と集中、商品の選択と集中、技術開発領域の選択と集中が経営者の大切な役割ですよと教えられ、本人もそうだと頭の中では理解するのですが、現実には一向に選択と集中は行なわれません。経営方針としては選択と集中を掲げていますが、営業の現場主導で目の前の売上を増やすために何でもやるわけです。ですから、マトリックス上にポジショニングすると、全ての勝ちパターンに拡散するということになります」

電気会社の宮田君が言った。

宮田：「欧米、韓国、台湾、中国など海外企業はおおよその選択と集中ができているようにみえますが、なぜ日本企業だけがこんなガラパゴス状態なのでしょうね」

川田教授がガラパゴスという言葉に苦笑いをしながら言った。

川田：「**日本企業のガラパゴス経営の原因**はいろいろな理由があるのだろうけれど、2つぐらいは自信をもっていえます。一つは、**従業員を大切にする経営**をしていることです。つまり、欧米型の事業の選択と集中をすることには必ず従業員のリストラが伴います。多くの日本企業の経営者達は、リストラは最後のやむを得ない選択肢と考えています。多くの日本企業では人に仕事がついていますから、切り捨てを伴う大胆な選択と集中はなじまないわけです。このようなことで、戦略的な選択と集中が行なわれてこなかった結果として、ビジネスモデルや勝ちパターンの拡散という結果となっています」

海運会社に勤める山田さんが質問した。

山田：「先生、もう一つの理由はなんですか?」

川田教授が山田さんのほうを向いて答えた。

川田：「もう一つは、**日本人組織のDNA**です。**〝形〟先にありきの経営ではなく、〝動き〟先にありきの経営**だからです。海外の企業は〝形〟先にありきの経営が常識です。米国企業ではフロント・ローディングといっていますが、何事でも始める前に時間をかけて、まずしっかりした設計図、事業計画、ビジネスモデルといった〝形〟をつくり込みます、そして、それを役割分担してプロジェクト方式で一気に具体化します。彼らはプロジェクト型のマネジメントも慣れているし、優れています。

一方、日本企業では、最初に精緻な〝形〟をつくることはしません。アバウトな絵を描いて、あとは〝動き〟で勝負します。動きながら考えるわけです。だから試行錯誤の頻度、フィードバックのスピードでは世界で群を抜くといわれています。日本企業の中で優秀とされる人材は、当初の計画づくりに時間をかける人ではなく、臨機応変に「**それは、それとして**」とか「**とりあえず**」という言葉を連発して動き回りながら道筋をつけていく人です。経営陣にもそういう人が多くいらっしゃいます。〝動き〟先にありきの日本企業では、戦略的な選択と集中は絶望的なのです。だから、この小さな物語でも、一つの勝ちパターンに先鋭的に絞り込むことは無理だから、**ASとRMの2つぐらいのビジネスモデルに集約して、それを複合化しなさい**と言っているわけです。切り捨てるのではなく、寄せなさいと」

D―2　リベニュー・マネジメントをB2B営業に持ち込む

自動車部品会社の営業部長をしている高橋君が言った。
高橋：「いやー、このリベニュー・マネジメントをB2B事業に取り込むというのは画期的ですね。考えてもみませんでした。私のいる自動車部品メーカーは、サービス業からも

Ｂ２Ｃからも、最も遠いところに位置していると思っていたのですが、リベニュー・マネジメントを適用できそうな気がしてきました。なぜなのでしょうか？」

川田教授が嬉しそうに答えた。

川田：「この小さな物語で言いたいことは、**サービス業と製造業、そしてＢ２ＣとＢ２Ｂの垣根が著しく低くなってきた**ということでしょう。だから、サービス業の知恵を製造業に、製造業の知恵をサービス業へと活用するメリットが出てきたということです。また、これまでは限られた企業を相手にしてきたＢ２Ｂの事業も、ネットの発達によって、グローバルの数多くの企業を相手にすることができるようになりました。顔の見えない多数の顧客企業を相手にするようになり、かなりＢ２Ｃの事業に近づいているわけです。一般消費者という不特定多数を相手にするＢ２Ｃ事業の知恵が、今や企業相手のＢ２Ｂ事業にも使える部分が多くなってきているわけです。

リベニュー・マネジメントもその一つです。もともとホテルやレンタカー事業のようなＢ２Ｃの固定費型サービス業向けに開発された手法です。しかし、リストラをしない日本の製造業では人件費は実質的に固定費的な性格をもっていますから、その基本コンセプトはＢ２Ｂの製造業でも使えるようになってきたということでしょう」

大手海運会社に勤める山田さんが言った。

山田：「私の会社はまさに企業相手にグローバルの海運サービスをしています。自社の保有する限られた船舶の稼働率を最大化し、かつ、単に海運サービスに限定せず、周辺を含めたトータル物流ソリューション提供を目指して頑張っています。ですから、この小さな物語で主張している**ASとRMの複合化**の話は、まるで自分の会社の戦略をロジカルに説明されているような感じでした。ただ代理店も使っていますので、代理店を巻き込む必要はありますが、全く違和感はありませんし、営業企画の一員として頭の整理ができました。今後はさらにRMの部分をB2C並みに高めることに挑戦してみます」

川田教授が言った。

川田：「山田さんはまさに日本を代表する海運業のB2Bの営業企画で働いているわけですから、この物語から多くのヒントをもらったはずです。ASとRMの複合化というビジネスモデルだけでなく、〝**動き**〟**のマネジメント**にも挑戦してみてください。世界の競合会社との戦いにおいて、**日本企業はビジネスモデルだけでは絶対に勝てません**。ビジネスモデルのつくり方は海外企業のほうが得意です。また、日本企業はビジネスモデルを決めても、その〝形〟を決して徹底できません。現場が強く、勝手に目の前の顧客に合わせてしまい形骸化します。それが、日本企業の良さでもあります。過去もそうでしたが、日本企業はこれからも〝動き〟で世界に存在感を出すことを忘れてほしくないものです」

D―3　一粒で3度おいしいビジネスづくり

医療サービス会社の営業をしている小西君が言った。

小西：「日頃感じているのですが、当社ではソリューション営業が上手くいっていません。ソリューションという言葉だけが先行していて、個人プレーで終わっています。経営陣もソリューションの中身には全く興味がなく、結果としてどれだけ受注したのかの会議に終始している状況です。簡単に言えば、ソリューション営業について戦略的なコンセプト化、体系化がなされていないのです。**日本人組織はコンセプト化、体系化の音痴**ということなので、仕方がないことと半ばあきらめていたのですが、この小さな物語では、**ソリューション営業をオーダーメイド、イージーオーダー、既製服という**具合にわかりやすく**コンセプト化**しています。これは大きなヒントになりました」

小西君のコメントを受けて、川田教授が補足した。

川田：「現在、多くの営業はなりふり構わずに受け身の対応型ソリューションに終始しています。目の前のお客様からのスペックや宿題を受けた順番に忙しく処理しているのが現状です。しかし、このコンセプトを使えば、一粒で3度おいしいソリューションビジネスがつくれます。まず、オーダーメイドのソリューションでは顧客業界のリーダー企業に絞ってフルオーダーで対応します、手間暇かかりますが、リーダー企業に採用された実績のあるソリューションなら、次のイージーオーダー段階で同じ業界での水平展開が非常に楽になります。さらに、イージーオーダーのソリューションの中で、汎用性の高いものを既製服化、つまり汎用パックにして、ネットに乗せて手離れよく販売するわけです。ここで、B2B営業マンとして絶対に妥協してはならないことは、**オーダーメイドのソリューションは顧客業界のリーダー企業向けに限る**ということです。ここをしっかり押さえることで、そのやり方がその顧客業界の実質的な標準となり、イージーオーダー化、既製服化というスムーズなビジネスの流れづくりが可能になります。一粒、つまり後の展開を考えたオーダーメイドのソリューションからスタートすることで、3度おいしいビジネスを効率的につくることができます」

電機会社のソリューション営業部長の宮田君が言った。

宮田:「この小さな物語はまさに目から鱗の落ちる内容です。事業部の名称にソリューションという言葉を掲げてはいましたが、お恥ずかしいことですが、中身がついていっていませんでした。これまでの前例から、どうしても一発勝負の大型受注指向で頑張ってきたのが実態です。そのほうが、経営陣にもアピールしやすいし、経営陣もまさに大型受注指向でした。でも、この小さな物語はソリューション事例やモジュールの使い回し、リピートこそ増収増益の十分条件ですよと言い切っています。儲からないソリューション事業から、**儲かるソリューション事業への糸口**を摑んだ思いです」

川田教授がその通りとばかりに言った。

川田：「ビジネスの原点は『顧客から見た価値』ということですが、さらにソリューション型の儲けの原点として、この物語では『**モジュールの使い回し**』だと言っています。これこそソリューション型のビジネスで押さえるべき〝ツボ〟であり十分条件だと」

D―4　増収増益の十分条件

人材派遣会社の人事部長をしている石坂さんが質問した。

石坂：「川田先生もこの小さな物語でも『**十分条件**』という言葉をときどき使われていますね。中学校か高等学校の頃、集合論の授業で必要条件とか十分条件とか、両方合わせて必要十分条件とかを学習しましたが、ほとんど忘却の彼方へいってしまいました。なぜ、今になって難しい集合論で使う十分条件などという言葉を出してくるのでしょうか」

川田教授が笑いながら答えた。

川田：「私も学生の頃に集合論を勉強しましたが、何か抽象的で全然おもしろくありませんでした。A→Bなら、矢印の向かっている方が必要条件、矢印の元のほうが十分条件と丸暗記したのを覚えています。この小さな物語の作者も抽象的な十分条件などという用語は使いたくなかったのでしょうが、どうしても何かを伝えたかったのでしょう」

石坂さんが言った。

石坂：「私自身いろいろな場面で必要条件という言葉はよく使います。これからの人材は語学力が必要条件だとか、リーダーは企画力が必要条件だなどと使い慣れた言葉です。でも、十分条件という言葉はあまり多く使いません。お酒を飲んで飲み過ぎたときに『これでもう十分です』という程度でしょうか」

川田教授が笑いながら言った。

川田：「お酒の話は別にして、実は**日本企業の経営戦略では十分条件がかなり大切**なのです。出来の悪い経営者は日経ビジネスの記事の受け売りをして、必要条件を羅列、列挙しています。顧客満足が必要だ、コンプライアンスが必要だ、分析力が必要だ、新事業開発が必要だなど、きりがありません。確かに間違ってはいないのですが、増収増益に向けて何の役にも立ちませんし、第一線の社員の行動に対して何のプラスのインパクトもありません。**必要条件の列挙、羅列は誰でもできます**。振り返ってみると、日本企業は絶えざる進化変化の行動で世界に存在感を示してきましたし、今後もそのことは変わらないでしょう。経営陣や部長達の必要条件の羅列、列挙は行動を拡散させ、本来集中すべき**T＆E行動の密度**を薄くしてしまいます。

一方、十分条件のわかりやすい例を挙げましょう。トヨタでは軽量化を増収増益の十分条件と位置付けていたようにみえます。他社以上の軽量化をめざして色々T&E行動をしたわけです。個々の部品の軽量化もあるでしょう、部材の複合化による軽量化もあるでしょう、強度設計の見直しによる軽量化もあるでしょう。このようなあらゆる軽量化に向けてのトライ・アンド・エラーを実践することで、車の燃費が下がります。これは顧客に選んでもらう重要な価値です。また、重量が少なくなることで部品・部材自体のコスト、運搬費、組み立て費も下げることができ、全体のコストダウンを実現することができます。つまり、軽量化こそが増収増益のための十分条件なのです。このことを全ての社員が認識し共有することで、そして、小説『坂の上の雲』ではありませんが、その一点をめざして、あらゆる軽量化のための**T&E行動をひたすら継続しつづける**わけです。**日本企業の強さの原点**がそこにあるのでしょう」

自動車部品会社の大林君が言った。

大林：「わたしもその通りだと思います。ある本に書いてあったのですが、優秀な経営者は部下にやるべき必要なことを指示するのではなく、やってはいけないことを指示するものだとありました。これは、経営者自身が**何が増収増益に向けての十分条件なのか**を明確に認識しているからこそできることだと今わかりました。〝動き〟で他社と差別化するためにも私の担当している事業の増収増益の十分条件は何かをじっくり考えてみます」

さすが皆ビジネススクールの卒業生だけあってお酒が入ってもアカデミックな議論へと展開していった。お酒に弱い川田教授は例によってウトウトとしはじめていた。かわいい教え子たちの熱い議論の声がだんだん遠ざかっていった。

［著者紹介］

水島温夫（みずしま・あつお）

東京都出身。慶應義塾大学機械工学修士、米国スタンフォード大学化学工学修士および土木工学修士。石川島播磨重工業株式会社、株式会社三菱総合研究所を経て、フィフティ・アワーズを成立、代表取締役。製造業からサービス業にわたる幅広いコンサルティング活動を展開している。著書『50時間で会社を変える！』（日本実業出版社）、『「組織力」の高め方』（PHP研究所）、『50時間の部長塾』（生産性出版）ほか多数。

講演・勉強会のお問い合わせ
mizushima@50hrs.co.jp
フィフティ・アワーズ
http//www.50hrs.co.jp

装丁……佐々木正見
イラスト＋DTP組版……出川錬
編集協力……田中はるか

わが社の「つまらん！」を変える本③
B2B営業が「つまらん！」
勝ちパターンの行動モデルはこれだ

発行日❖2014年10月31日　初版第1刷

著者
水島温夫

発行者
杉山尚次

発行所
株式会社**言視舎**
東京都千代田区富士見2-2-2 〒102-0071
電話03-3234-5997　FAX 03-3234-5957
http://www.s-pn.jp/

印刷・製本
モリモト印刷㈱

ISBN 978-4-86565-000-6　C0334